读懂投资 先知未来

大咖智慧
THE GREAT WISDOM IN TRADING

成长陪跑
THE PERMANENT SUPPORTS FROM US

复合增长
COMPOUND GROWTH IN WEALTH

舵手证券图书
www.duoshou108.com

"同花顺炒股实战精要丛书" 之一

同花顺

量价分析
实战精要

珍藏版

胡 兵 孙鹏程 / 主编

山西出版传媒集团  山西人民出版社

图书在版编目（CIP）数据

同花顺量价分析实战精要 / 胡兵，孙鹏程主编．
太原：山西人民出版社，2025.1（2025.10 重印）．—（同花顺
炒股实战精要丛书）．— ISBN 978-7-203-13616-3

Ⅰ. F830.91-39

中国国家版本馆 CIP 数据核字第 2024KU5247 号

同花顺量价分析实战精要

主　　编：胡　兵　孙鹏程
责任编辑：魏美荣
复　　审：傅晓红
终　　审：贺　权
装帧设计：卜翠红

出 版 者：山西出版传媒集团·山西人民出版社
地　　址：太原市建设南路 21 号
邮　　编：030012
发行营销：0351-4922220　4955996　4956039　4922127（传真）
天猫官网：https://sxrmcbs.tmall.com　电话：0351-4922159
E－m a i l：sxskcb@163.com　发行部
　　　　　　sxskcb@126.com　总编室
网　　址：www.sxskcb.com

经 销 者：山西出版传媒集团·山西人民出版社
承 印 厂：廊坊市祥丰印刷有限公司

开　　本：710mm×1000mm　1/16
印　　张：19
字　　数：280 千字
版　　次：2025 年 1 月　第 1 版
印　　次：2025 年 10 月　第 3 次印刷
书　　号：ISBN 978-7-203-13616-3
定　　价：98.00 元

如有印装质量问题请与本社联系调换

同花顺与舵手证券图书服务平台

同花顺成立于1995年，是国内领先的互联网金融信息服务提供商，作为国内第一家互联网金融信息服务业上市公司，同花顺致力于技术创新，实践"让投资变得更简单"的理念，为各类机构客户和个人投资者提供全方位的金融投资服务。

舵手证券图书成立于1994年，始终秉承"一流交易者创一流作品"的理念，从全球十余家权威出版机构引进版权与好书，与国内外交易大师、一线交易者建立了合作关系，持续出版了全球投资大师和职业操盘手的各类著作，至今已累计出版1000余部优秀证券图书。

经典投资书籍是投资者的福音，能极大提升交易者的技术水平和交易能力。打造交易者学习平台，是同花顺、舵手证券图书的共同使命。欢迎加入我们的行列，让我们携手共进，在投资的征途中，以知识为舟，以智慧为帆，共同驶向成功的彼岸！

微信扫一扫
敬请添加同花顺陪伴官小顺

丛书总序

在瞬息万变的股市中，每一位投资者都渴望找到一把打开财富之门的钥匙。然而，市场的波动性与不确定性使得许多投资者在寻求稳健收益的过程中遭遇了挑战，新手投资者由于缺乏系统学习和实战演练，更是导致其在股市中屡屡受挫。

有鉴于此，为了回馈广大用户的信任，帮助广大投资者更好地理解市场动态与规律、掌握有效的投资策略与实操技术，国内领先的金融信息服务平台同花顺，联合投资领域知名品牌舵手证券图书，精心策划并推出本套"同花顺炒股实战精要丛书"，旨在通过深入浅出的讲解方式和案例分析，在帮助广大投资者掌握同花顺炒股软件精髓的同时，系统化地提升炒股实战技能，从而在股市中稳健前行。

本丛书由多位资深分析师及实战派专家精心编写创作而成，丛书通过理论结合实践的方式，为读者提供了一套全面而系统的投资指南。丛书不仅包含了当前热门话题和技术趋势的深入探讨，还特别注重实操层面的经验分享。本丛书首期出版的几册图书，各有侧重，专门讲透一个主题；丛书之一《同花顺量价分析实战精要》，读者可以了解价格与成交量之间的微妙联系及其对股价走势的影响；丛书之二《同花顺盘口技法实战精要》，揭示了开盘与收盘时刻的关键策略；丛书之三《同花顺技术分析实战精要》，探索 K 线图形背后隐藏的信息和密码；丛书之四《同花顺分时技法实战精要》，读者可以学到如何捕捉盘面分时的精准买卖点。每册书都凝聚着作者们多年来的智慧结晶与实战经验。

在未来，"同花顺炒股实战精要丛书"也将持续更新和扩展新品种，推出更多关于股市投资实战技巧的图书，继续帮助投资者快速掌握股市实战技法，提升市场分析能力和决策能力。

我们相信，通过这一系列图书的持续推出和学习，每一位投资者都能够在股市中不断提升自己的投资水平和实战能力，最终实现财富增值的目的。

我们也希望，"同花顺炒股实战精要丛书"能够成为每一位股市投资者的实战宝典，陪伴大家在股市投资的道路上不断前行，早日实现财富自由！

"同花顺炒股实战精要丛书"编委会

2024 年 10 月 18 日

前　言

投资市场是复杂的，投资本身也是一件很复杂的事。不少投资者整天忙忙碌碌地分析、研究和操作，投入大量精力，却依然难以应对市场中庞杂的信息。复杂容易使人迷失，面对复杂的投资市场，我们可以拿起奥卡姆剃刀，化繁为简，把复杂的事情简单化，以便于理解和操作。

奥卡姆剃刀定律，是由 14 世纪逻辑学家奥卡姆（William of Ockham）提出的，他说"如无必要，勿增实体"，即"简单有效原理"。也就是说，如果你有两个原理，它们都能解释面对的事实，那么你应该使用简单的那一个，最简单的解释往往比复杂的解释更准确。同样，如果你有两个类似的解决方案，那么你应选择最简单的那个。

"同花顺炒股实战精要丛书"就是基于"简单有效原理"而创作的，希望以最简单、最系统、最快速的方式，借助同花顺软件及其特色功能帮助广大投资者少走弯路，端正交易理念，学习交易知识，改善交易绩效，早日迈入投资交易的殿堂。

"同花顺炒股实战精要丛书"之《同花顺量价分析实战精要》一书共分为十二章，力求结构上简单，功能上有效，使用上可复制。

一、结构上简单

"真理是简单的，复杂的往往是谬论。"投资交易也不例外，往往越简单的东西越可靠，也越有生命力。

本书共十二个章节，第一章讲解成交量的基础概念，第二章和第三章讲解成交量的基本形态，第四章到第六章分别讲解成交量的变化形态、成交量的趋势形态、成交量的区域形态，第七章到第十章分别讲解主力建仓成交量形态、主力出货成交量形态、主力洗盘成交量形态、主力诱多成交量形态，第十一章则讲解量价组合经典形态，第十二章讲解量价选股经典 32 法。

"同花顺炒股实战精要丛书"从底层结构框架上将投资交易划分为四个阶段：交易理念→交易规则→交易决策→交易执行。下面一一阐述。

1. 交易理念相对于具体的技术知识，没有那么光彩夺目，比较抽象，但它却贯穿投资活动的始终，是整个交易的灵魂。在交易理念方面，投资者需要把握三大原则：先生存后发展、先胜率后赔率、先方向后位置（时机），并深刻理解每个章节的技术内涵，才能打下一个扎实的交易基础。交易理念是交易活动的开始，如果有一个正确的开始，我们就很可能得到一个正确的结束。

2. 交易规则是关于交易得以实现的市场架构、规则和制度等方面的内容，即市场微观结构理论。投资者进行交易，不学习交易规则是不行的。学习交易规则，可以帮助投资者理解证券市场的价格形成与发现机制，从而为技术分析和投资决策提供基础支持。

3. 交易决策是所有投资者都渴望学习并且能快速见到效果的环节，以循序渐进、抽丝剥茧的方式，对技术分析进行具体阐述和讲解。其中，"量、价、时"是交易的三大元素，"形、趋、盘"是技术分析的核心内容。通过对六大因素的学习，投资者可以掌握盘口细节、分时形态、趋势买卖点、经典 K 线、均线扭转、经典理论、指标背离、多空临界状态等知识要点，在识别和度量风险程度的基础上，按照自身的风险承担能力，做出合适的交易决策。

4. 交易执行是交易决策的下一阶段，强调的是交易策略、交易指令的执行力，主要包括资金管理和风险控制。通过对技术细节的学习，投资者可以针对每次交易机会分配不同的资金，实现放大利润、减少亏损。

二、功能上有效

一个理论、方法或者系统，要实现有效，一方面要在原理上保持正确，另一方面要在实践上能被检验。本丛书会帮助投资者从原理上深刻理解书中的理论和方法，本系列不仅会告诉你当下市场在"做什么"，面对未来应该"怎么办"，还会从不同的角度去阐述背后的原因，让你知道"为什么"。

"知其然还得知其所以然"，当你从原理上深刻理解了书中的理论、方法和系统，自然可以明白它的正确性，继而用于指导交易实践，并检验它的有效性。

三、使用上可复制

一个理论、方法或者系统，如果只能被小范围使用，那么其效果是要大打折扣的。本书想要追求的是：书中的理论和方法，能被大范围使用，使用的人越多越有效。首先，"简单"降低了学习的难度，大多数人都可以快速地学习、理解和掌握。其次，书中的理论和方法，来源于市场自身的内在规律，是共性的、本质的、广泛的，保证了在市场范围内长期有效。比如：市场的惯性规律特征。在物理学中，物体的质量越大，惯性就越大；质量越小，惯性就越小。在市场中也一样，参与投资交易的人越多，方法越趋同，规模效应就会出现，惯性特征就会越明显。当基于惯性规律的理论、方法被更多人理解和使用时，会增强市场自身的惯性。惯性越大，反过来又会促进理论、方法的有效性，从而形成正反馈，不断自我强化、自我实现。

四、本书适用对象

不管你是初入市场渴望学习的投资者，还是遭遇挫折亟须改善的交易者，或者是已经盈利希望更上一层楼的交易员，只要你对交易有浓厚的兴趣，并且愿意投入精力去学习、研究和探索，本书都会给你有益的帮助。

　　"同花顺炒股实战精要丛书"就像一份路线导图，一方面体现了系统性思维，可以帮你建立起关于交易的整个框架体系，俯瞰交易全局，绕开交易陷阱，从而把精力投入正确的环节当中，快速打通交易的任督二脉；另一方面体现了阶段性思维，让你一步一个脚印看见自己的进步，持之以恒，逐渐攀登到顶峰。

　　当你阅读和学习完本丛书后，相信你会拥有一套全新的交易思维，对金融市场的内在规律有较深的认识，由此重新回到市场中，看到的应该不再是简单的数字变化，而是数字跳动背后的诸多秘密；听到的不再是市场中的各种流行说法，而是自己内心的独立判断；做到的不再是随意跟风买卖，而是看淡红涨绿跌，制定出有效的交易策略或措施，从容应对。

本书编委会

自 序

　　我们自进入金融市场最开始使用的就是技术分析，对价值投资只是稍有涉猎，直到现在也是以技术分析为主，对技术方面略为精通，有几句股谚为"历史会重演""天下没有新鲜事""价格包含一切"，说的都是技术分析，这里大致谈一下对技术分析的一点点感悟，与读者朋友们分享。

　　技术分析泛指对价格、量能、形态、经典理论以及它们衍生出的技术指标的具体分析方法。技术分析是整个交易体系里的一部分，它提供进出场买卖点的一些信息，是市场分析的基础环节。在交易体系中的其他环节，比如资金管理、风险控制等都是建立在进出场环节之上的，也是投资大众最为关注的部分。

　　投资界分析流派总体分为三类：价值投资（包括成长、宏观面、基本面分析）、行为分析（包括正向思维、逆向思维、心理分析等）和技术分析。行为分析不仅是投资的行为分析，还包括投资者的各种心理分析，仅仅投资行为分析就包含了正向、逆向等各种行为分析，其涉及面太广，不在本书中讨论。本书作为技术分析的重点，下面会重点阐述。

　　价值投资是 1934 年由价投鼻祖美国人本杰明·格雷厄姆在《证券分析》一书中正式提出并首次公开的，经传承发展，成为今天的主流方法。当今世界使用价值投资的代表人物是股神沃伦·巴菲特。

　　技术分析的历史要早于价值投资 100 多年，正式提出于 1760 年日本人本间宗久的著作《本间宗久翁秘录》，也就是后来衍生出的世人熟知的"酒田战法"，1980 年由美国人史蒂夫·尼森通过其著作《日本蜡烛图技术》推广至全世界。

谈到技术分析就不得不说一下西方的"道氏理论"，它是一切技术分析的基石。1882 年美国人查尔斯·道和爱德华·琼斯创立了道琼斯公司，随后建立了我们每天都可听到、看到的道琼斯指数。1903 年道氏去世一年后，由美国人 S.A. 纳尔逊将道琼斯发表的一些文章归纳在《股市投机常识》一书中，并首次提出了"道氏理论"一词。1922 年，威廉·彼得·汉密尔顿对道氏理论进行总结分类，创作了《股市晴雨表》。1932 年由罗伯特·雷亚进一步发展并正式出版了《道氏理论》一书并流传至今。

股票市场上的分析方法有千百种，但无论什么方法，都属于行为分析、价值投资和技术分析的范围，且各有其优势和劣势。任何分析方法都只是获取财富的工具或者手段，有人靠它致富，有人却血本无归，任何方法都不是完美的，只有适用与取舍，如果适合某一阶段的自己，在自己认知范围内好用，就是好方法、好工具，而不适用的你不用就好了，工具本身是没问题的。所以，要通过学习不断地提高认知，找到适合自己的最佳工具组合。人生就是不断提高认知的过程，交易也是如此。

我们知道，股票交易的难点在于品种的选择和时机的把握，价值投资的优势就在于选股，技术分析的优势在于择时，将二者综合起来，并辅以行为分析，就是很好的选择。

作为作者，我们已经从事证券交易行业 20 年，从一个无知小散户到私募机构操盘手，再到现在的全职交易者（全市场操作，包含 A 股、外盘、期货、期权、外汇），一路坎坷，历尽艰辛，所用的技术全部为技术分析，通过技术来衡量市场，进行严格的量化交易，只有技术分析才可做到完全的唯一的量化。"巴菲特派"能做到长赢稳赢是因为价值投资做的是确定性，价格必定向价值回归，无非是回归的具体时间，回归的幅度大小而已。技术分析初级阶段做的是概率性，通过各种 K 线组合、经典形态、技术指标、市场理论等分析出价格上涨或下跌的概率有多大。到了技术分析的高级阶段是做确定性，其实质就是做交易的哲学观，具体分析就是人性，也就是确定性，确定价格不会一直波澜不惊，最终会因为某些事件催化而向着某一个方向波动，波动后再归于平静，如此反复而已。我们无须时时刻刻去猜测市场，因为未来是无法精确预测的，有时猜对了只是运气不是能力，我们只需做一个市场的跟随者即可稳定盈利。

当然，跟随市场不是某一个技术或指标，它是一个严谨完整的交易体系，包含了进出场法则、资金管理法则、风险控制法则和心态管理法则。严格来说，交易做的是市场分析，它不仅包含了技术分析，还有对市场的本质、交易的本质、人性的本质的深层认知。价格或形态其实就是所有参与者情绪的共同表现，比如说价格波动的背后，长期来说看的是价值，短期来说看的是参与者的情绪，人性的贪婪和恐惧不停地引起价格的波动，不管是利空降温还是利多提振，牛市涨过头和熊市跌过头都要翻转，物极必反。历史是最好的老师，我们回看历史，哪一次的牛顶和熊底不是如此？人性使然，古今中外概莫能外。技术分析从初级阶段到高级阶段就是从不断地做加法再到不断地做减法的过程，最后做到"减无可减，又简无可简"，大浪淘沙始剩金的时候，那么恭喜您了，您的交易体系已经形成，您已经入了投机之门，可以扬帆进入股海了。

技术分析有效的根基就是历史会重演，历史会重演的根基就是人性的亘古不变，人性的贪婪恐惧百年前有，现在也有，将来同样会有，如果哪一天人类没有了贪婪和恐惧，那么包含技术分析在内的所有分析都会失效。本系列图书主要讲的是技术分析初级阶段必须掌握的一些知识，本着历史是最好的老师，效仿世界经典图书中使用历史图表的惯例，书中的案例除了一些同花顺软件特殊功能和新开发功能之外，保留了一些历史经典图表和过往案例（有些公司可能不存在了），我们看的是图表形态中的本质与相互关系，这些形态每天都在重复上演。所以，本书是基于人性，过去出现的现在和将来也会出现，这些历史图表经过了市场和时间的检验，大家可以在当下的市场中去检验和使用它们。

另外，读者想快速提高实战能力，就需要不断总结出价格波动规律和技术分析与复盘的技巧。本着"看图万篇，其意自现"的原则，我们只复盘K线图，而不要在意股票的名称、市场和时间等信息，不要"先入为主"，只要是规律性的东西就没有时间、地域和市场的区分，它们有一致性、普适性。比如，道氏理论之所以是经典，就是因为它揭示了价格波动的普适性规律，难道它只在几十年前有效，现在无效吗？它只在美国有效，其他市场无效吗？它只在股市有效，在期货、黄金上无效吗？成功交易就是"简单规律、普遍适应"方法的反复使用，在做的过程中不断提炼总结出更加"简单普适"的体系，如此反复直到完美（虽说不可能完美，但一直走在通向完美的路上）。

本书作者

目 录
CONTENTS

第一章　成交量基础概念 / 1

　　第一节　成交量与交易量的计算 / 2

　　第二节　成交量看买卖人气 / 2

　　第三节　均线看涨跌趋势 / 5

　　第四节　均线参数设置 / 7

　　第五节　同花顺特色成交量指标 / 9

第二章　成交量基本形态之一 / 17

　　第一节　单量柱 / 17

　　第二节　双量柱 / 22

　　第三节　多量柱 / 26

　　第四节　草丛量 / 29

第三章　成交量基本形态之二 / 35

　　第一节　天量 / 35

　　第二节　地量 / 39

　　第三节　量堆 / 43

第四节　量带 / 47

第五节　点量 / 52

第四章　同花顺成交量的变化形态 / 57

第一节　增量 / 57

第二节　缩量 / 61

第三节　量峰 / 65

第四节　量坑 / 69

第五章　同花顺成交量的趋势形态 / 75

第一节　价升量增 / 75

第二节　价跌量增 / 79

第三节　价升量缩 / 83

第四节　价跌量缩 / 87

第五节　价升量平 / 90

第六节　价跌量平 / 94

第六章　同花顺成交量的区域形态 / 99

第一节　顶部量 / 99

第二节　底部量 / 103

第三节　突破量 / 107

第四节　回撤量 / 110

第七章　主力建仓成交量形态 / 115

第一节　小幅增量 / 115

第二节　大幅增量 / 119

第三节　间断增量 / 123

第四节　持续增量 / 127

第五节　二次起量 / 131

第六节　上攻放量 / 136

第八章　主力出货成交量形态 / 141

第一节　小幅缩量 / 141

第二节　大幅缩量 / 146

第三节　间断缩量 / 151

第四节　持续缩量 / 155

第五节　二次缩量 / 159

第六节　下跌放量 / 164

第九章　主力洗盘成交量形态 / 169

第一节　震荡缩量 / 169

第二节　大跌缩量 / 174

第三节　回落增量 / 179

第四节　阴线增量 / 183

第五节　回调缩量 / 188

第十章　主力诱多成交量形态 / 193

第一节　急涨增量 / 193

第二节　价涨量平 / 198

第三节　微涨增量 / 202

第四节　新高缩量 / 207

第五节　反弹增量 / 211

第十一章　同花顺量价组合经典形态 / 217

第一节　再论价升量增形态 / 217

第二节　再论价升量缩形态 / 220

第三节　再论价跌量增形态 / 222

第四节　再论价跌量缩形态 / 226

第五节　回调缩量形态 / 228

第六节　反弹增量形态 / 234

第十二章　同花顺量价选股经典 32 法 / 239

第一节　同花顺底部选股技法 / 239

第二节　同花顺反弹选股技法 / 244

第三节　同花顺主升浪选股技法 / 251

附　录　专业术语解析 / 271

一、量价术语 / 271

二、技术术语 / 273

三、操作术语 / 279

四、股谚解析 / 283

第一章

成交量基础概念

　　量在价先，这句话对每个投资人来说耳熟能详，特别是在股市中，成交量分析的重要性丝毫不亚于对价格的分析。单纯的成交量分析，不外乎要看放量、缩量、堆量、天量、地量、温和放量等，但价格和成交量综合起来分析，形态就有很多种。不管指标和技术多么复杂，我们只需把握一个重要原则，就可以以不变应万变，这个原则就是一句话："放量是对价格的肯定，缩量是对价格的否定。"这句话大家可以细细品味，所有的量价分析都包含于其中。本书各种量价分析法则，也都是遵循这个原则来讲述的。投机市场没有圣杯和捷径，基础知识和专业分析就是决战，本章讲述最基础的成交量概念，以此开启量价分析之旅。

　　成交量是指某一时间单位内对某项交易成交的数量。一般情况下，成交量在放大，且价格也在上涨的股票，属于趋势向好的形态。反之，成交量持续低迷，且股价一直在下跌，属于市场清淡下跌趋势。所以，成交量是判断股票价格走势、分析市场行为的重要依据，也是广大投资者确认买卖时机的必备工具。

第一节　成交量与交易量的计算

股市中的成交量，是指股票买卖双方共同达成的交易数量。例如，某只股票一个小时内的成交量为 10 万股，这表示在 1 小时内买卖双方共同达成的交易数量是 10 万股，即买方买进了 10 万股，同时卖方卖出 10 万股。然而，与之不同的计算方法是交易量，计算交易量与计算成交量是不同的概念，成交量计算的是买卖双方完成了多少股股票的交易，是按单边计算的，而交易量则按双边累加计算的，例如买方 10 万股加卖方 10 万股，即这一小时的交易量应记为 20 万股。所以，投资者一定不要搞混了这两者的关系和不同点：股市成交量反映的是某一时间段内多空双方一起完成了多少股的交易，按单边计算；股市交易量是指股票达成交易的买卖双方总数量之和，按累加计算。

第二节　成交量看买卖人气

在股票交易过程中，成交量的作用至关重要，如果股价要上涨，市场中的买方人气就一定要大于卖方人气。只有当市场中的买方人气多于卖方人气时，股价就会随着市场需求的增加而上涨，并出现成交量增加的现象；反之，如果股价要下跌，市场中的买方人气就必须小于卖方人气，市场会因为买方的减少而出现供大于求的情况，导致股价下跌，成交量萎缩。所以，成交量的增减与股票价格的涨跌有着必然且微妙的关系。通过分析成交量的增减与股价的涨跌关系，不但能准确辨别市场中的购买人气的变化情况，提升投资者对股票价格走势的判断概率，还能帮助投资者正确认识市场趋势的变化本质。

我们用一个夜市的例子，来简单地说明一下成交量与股价走势的关系，还有这个过程中股价涨跌的基本原理。

每一个城市都有夜市，那些摆摊的经营者，通常会在夜市开始之前就进入夜市区域，等待顾客的到来。此时市场刚开，虽然卖方已经准备好了充足的货物，但并不会有多少顾客购买东西，这时候可以称之为"清淡市"，即交易不活跃的行市，相当于股票市场的低迷时期，这个阶段很多摊主为了开张，愿意降低一点价格卖出商品，吸引点人气。

接着，天慢慢黑下来，附近的居民都下班了，有不少人赶过来吃夜宵、逛夜市，市场开始热闹起来，慢慢有了聚集效应。随着市场中聚集的人越来越多，买东西的人也多了起来，于是那些摊主卖出的东西也越来越多，价格比开始的时候提升了一点，即成交价格相应提高了。比如：一双鞋子的成本是25元，摊主可以开到65元，并最终以50元的价格成交，这种情况大致可以持续2小时左右。这个阶段，因为市场中的人在不断增多，所以价格会因为购买者的增多而相应地走高，这个阶段也是摊主卖出东西最多的阶段，即市场最活跃的阶段，所以这期间成交量也是最大的，相当于股票市场的火爆期。

2个小时左右的活跃阶段过后，夜越来越深了，人们要买的东西基本买完了，吃也吃完了，开始陆陆续续回家休息，市场中的人流逐渐下降，到后面只剩下稀稀拉拉几个人。这时候，摊主为了能多卖出一点货物，减少囤积，不想拉回家，他们不敢开价过高，倾向于开出一个相对较高的价格，接着便告诉你"如果你想要的话，最低多少钱"，并且还告诉你"如果你确实看好了，价格还有商量"，这意味着，顾客可以花比活跃期更低的钱，买到一双同样的商品。比如之前买一双鞋子要花50元钱，现在只需要花40元甚至30元就可以买到。然而，因为市场中的人已经逛了很长时间，购买东西的欲望大大降低，即使这样低的价格，也不可能卖出很多双。所以，成交的数量也开始越来越少，夜市进入"衰退期"，这就相当于股票市场再一次回到了低迷期。

从上面的例子中我们可以知道，股票市场与夜市的道理是一致的，当市场陷于沉寂的时候（低迷期），很多投资者即使赔钱也要卖出股票，因为没有人愿意买入股票，这时候成交量倾向于萎缩，如果卖方过多，还会出现继续下跌的情况。当市场到了活跃期，即使股价很高了，还有投资者愿意买入股票，因为市场中需要股票的人多了，成交量往往会随着股价的高升而增加。然而，当市场的活跃期过后，买方人气再次降低，成交的股票也会减少，股价就会下跌，成交量逐渐缩小，最后又进入衰退期（如图1-1）。

在现实交易中，投资者应该积极地看待股价下方的成交量（下方红绿柱），分析多空力量。通过成交量的变化，来分析市场中的买卖人气，这不但有助于投资者正确判断股价的趋势走向，还能帮助投资者理性地认识市场趋势变化的本质，参透股价涨跌的玄机。

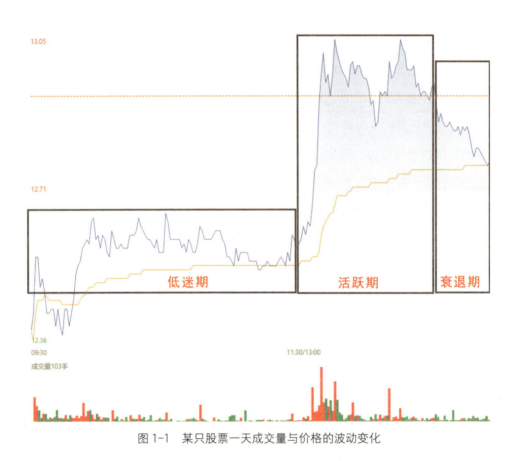

图 1-1　某只股票一天成交量与价格的波动变化

第三节　均线看涨跌趋势

在现实交易中，由于成交量本身的波动起伏较大，为了更好地确认成交量的增减变化，就必须对成交量进行周期性的统计和总结，以评估某一段时间内的成交量总体变化情况，据此评估成交量的总体趋势走向，这就是均量线。它是将一定时期内的成交量（值）相加后平均，在成交量（值）的柱状图中形成较为平滑的曲线，而通常价格曲线的平均线，则简称"均线"或"移动平均线"，用 MA 表示。

一般情况下，均量线以 5 日作为采样天数，即在 5 日平均成交量基础上绘制，亦可以同时选 7 日、10 日、30 日的采样天数绘制两条或三条均量线。其中 5 日均量线代表短期的交易趋势，10 日均量线代表中期的交易趋势，30 日均量线代表较长期的交易趋势。但是，随着市场的趋势性变化，为了进一步提升成交量的趋势特性，有些投资者也会倾向于采用大周期的均量线参数，比如 60 日均量线、120 日均量线和 250 日均量线，本书案例与图表中用得很多，代表一种长期趋势。每种均线用哪种颜色，各软件有所不同，具体以软件中所标的颜色为主。

其应用方法非常简单，当成交量的阶段性均价线向下运行或短期的均线下穿长期的均线时，说明这一时期市场中的购买人气在下降；反之，当成交量的阶段性均价线向上运行或短期均线上穿长期的均线时，说明这一时期市场中的购买人气在上升，成交量放大。

我们来看一下案例图示（如图 1-2 所示）。

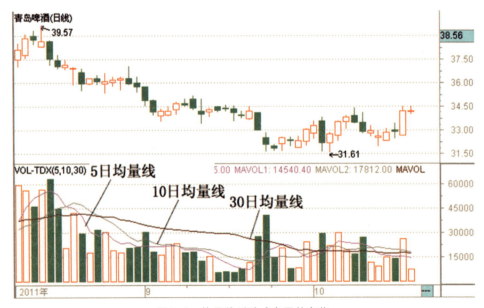

图 1-2　均量线反映成交量的变化

从上面的图示中我们可以看出，2011 年 8—9 月股价在下跌的时候，成交量也出现了萎缩，并且长期的 30 日均线向下弯曲，5 日均量线和 10 日均量线都向下穿越 30 日均量线，属于明显的下跌趋势。

据图 1–2，我们可以判断，该股阶段市场中，买方人气正在下降，购买意愿不足，并且成交量呈现出持续下跌趋势，所以，股价持续下跌的概率将会变大。

综上所述，在现实交易中，投资者不但要看单日的成交量变化情况，还要看一看不同周期的均线变化情况，只有这样，才能全面评估市场人气的增减和市场购买意愿的趋势。

第四节　均线参数设置

前面我们简单地介绍了成交量的作用、均线的参考方法，本节再简要讲述均线参数设置的一些技巧。

在现实交易中，有些投资者会将股价的趋势走向与成交量的趋势走向紧密配合，即将短期的均线与短期的股价趋势相结合，将长期的均线与长期的股价趋势相结合，以达到准确、统一的辨识效果。我们来看一下案例图示，如图 1–3 所示。

从图 1–3 标示的上方扁圈可以看出，我们以 MA60 为例，当股价主图中的股价上穿 MA60 时，按理说，这便是股价进入中期上涨趋势的一个重要标志，但如果仅仅依靠这一点，就判断股价的走势会持续上涨，未免有些武断。所以，我们还要看一下成交量的其他变化。

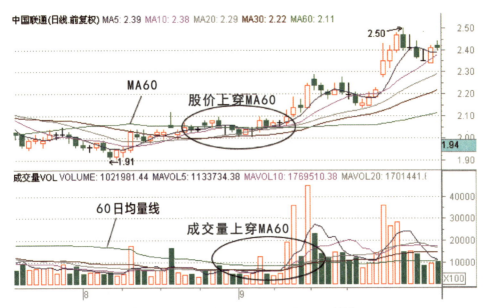

图 1-3　股价上穿 MA60 需要看价量同时共振

从图中，我们可以看出，其下方扁圈的成交量指标中，股价上穿 MA60 的那个阶段，开始停滞向下延伸而倾向于横向运行，并且还出现了成交量上穿 60 日均量线的情况，这说明，该阶段市场中的买方人气开始活跃，推动了股价向上运行，所以图中股价上穿 MA60 时，便是一个胜算较高的买入信号。

我们再来看图 1-4 所示，这是以 MA60 作为趋势确认标的交易模式。

从图 1-4 黑圈可以看出，当该股的股价上穿 MA60 之后，其下方的成交量也出现了相同的变化，上穿 60 日均量线，出现大幅增亮红柱现象。这表明，在该阶段买方集中出现，市场交易非常活跃，推动股价突破 MA60，步入中长期上涨趋势，可以长期持有。

通过上面多张图示，我们可以做一个简短的总结：当股价突破某一条均线的时候，其下方的成交量也应该出现放大，且成交量也应向上击穿相同周期的均线，甚至是更长周期的均线，当市场中出现这种情况时，说明该阶段股价的上涨是由市场人气增加推动的，或者说是市场交易活跃推动了股价上涨，购买

图 1-4　股价与成交量均上穿 MA60，说明步入长期上涨趋势

意愿非常强烈，因此股价才有可能持续上涨。

　　投资者应记住，如果某股票的成交量一直处于长期均线的上方运行，这本来就是股价正处于活跃期的一个重要标志，如果再配合股价的上涨，这就是一个非常好的买入信号。广大投资者对此先有一个大致的概念即可，更多与成交量有关的知识，我们在后文逐步讲述。

第五节　同花顺特色成交量指标

　　成交量指标在每个股票软件里都是默认的指标，同花顺也不例外，但同花顺还开发了一些独具特色的成交量指标，如图 1-5 所示：

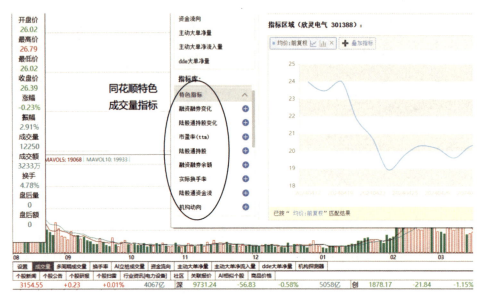

图 1-5　成交量"指标库"查看特色指标

　　常用的同花顺特色成交量指标有：多周期成交量、AI立桩成交量、资金流向、主动大单净流入量。对于其他同花顺特色成交量指标，读者可通过"成交量"设置栏找到。本书会对经常使用到的几个特色成交量指标作详细讲解，后文结合经典案例使用。同花顺成交量特色指标如图 1-6 所示：

图 1-6　左下角黑框中成交量几个特色指标

一、多周期成交量

多周期成交量指标主要用于分析市场的活跃度和资金规模，通过观察不同周期的成交量，可以分析市场的短期、中期和长期趋势。例如，短期成交量指标可能反映市场的短期波动，而长期成交量指标则可能揭示市场的长期趋势。多周期成交量指标如图 1-7 所示。

多周期成交量运用规则：

短、中、长多周期成交量放大通常意味着市场活跃度提高，短中长资金规模增加，形成资金共振，预示着价格将出现上涨或下跌的加速。

短、中、长多周期成交量缩小则可能意味着市场交易不活跃，短中长资金规模减小，预示着市场即将进入调整或反转阶段。

在分析短、中、长多周期成交量时，要注意其与各周期价格走势的结合。例如，在多周期价格上涨时对应着成交量也放大，意味着上涨趋势的延续；而

图 1-7　多周期成交量指标

在多周期价格下跌时对应着多周期成交量放大，形成价量背离，则可能是一种抛压，意味着价格有加速下跌的趋势。

通过比较短、中、长不同周期的成交量，还可以用来分析市场的趋势和节奏。例如，如果短期成交量明显大于长期成交量，可能意味着市场处于短期波动阶段；而如果长期成交量逐渐增加，则可能预示着市场即将进入新的大趋势。

二、AI 立桩成交量

AI 立桩成交量指标是同花顺软件中的一种智能分析工具，它基于人工智能算法，对成交量数据进行深度挖掘和分析，以揭示市场的潜在走势和交易机会。AI 立桩成交量指标如图 1-8 所示。

AI 立桩成交量运用规则：

1. 可识别出价格关键位置

AI 立桩成交量可以突出显示那些成交量异常放大的价格关键位置，这些

图 1-8　AI 立桩成交量指标

位置往往是市场的重要转折点或交易机会。

2. 判断市场趋势

通过观察 AI 立桩成交量的变化，可以判断市场的趋势是上涨、下跌还是横盘。例如，在上涨趋势中，AI 立桩成交量通常会在股价回调时缩小，而在股价继续上涨时放大。

3. 提示买卖时机

AI 立桩成交量在股价回调时缩小，是一个低吸买入的良机。价格上涨而且 AI 立桩成交量也同步放大，价格将进入拉升段，可及时加仓买进。

三、资金流向

资金流向指标主要用于揭示市场资金的流动方向和强度，红柱代表资金流入，绿柱代表资金流出。如图 1-9 所示。

图 1-9　资金流向指标

资金流入通常定义为主动性买入成交额，即计算大于或等于"卖一"价买入成交的单子。如定义为主动性卖出成交额，即计算小于或等于"买一"价卖出的单子。

资金流向分析运用：

通过观察资金流入和流出的数据，可以了解市场的买卖情绪和资金的流向趋势。如果资金流入量大于流出量，说明市场呈现净买入状态，可能预示着价格上涨；反之，如果资金流出量大于流入量，可能预示着价格下跌。还需要注意资金流向的持续性。行业及板块的资金流向往往能反映市场的热点和趋势，如果某个板块或个股的资金流入持续多日，可能说明该板块或个股的上涨趋势较为强劲；反之，如果资金流出持续多日，可能说明该板块或个股的下跌趋势较为明显。

四、主动大单净流入量

主动大单净流入量指标被视为市场主力资金动向的风向标指标，它是分析主力资金的主要工具之一。

识别市场主力动向有何作用？主动大单净流入量指标可以揭示市场主力资金的买入或卖出意愿。当主动大单净流入量持续为正且金额较大时，可能表明主力资金正在积极买入，市场上涨动力较强。反之，如果主动大单净流入量持续为负且金额较大，可能表明主力资金正在撤离，市场下跌风险增加。

1. 进行资金流入综合分析

投资者应将主动大单净流入量与资金流入指标和股价走势相结合进行分析。如果股价在上涨过程中伴随主动大单净流入量的增加，并且资金流入指标的红柱同步放大，这是一个积极的信号，表明上涨趋势将会持续。相反，如果股价在下跌过程中伴随主动大单净流入量的减少或负值，并且资金流入指标的绿柱同步放大或红柱同步减少，这将是一个警示信号，表明下跌趋势可能加剧。

2. 关注持续性

主动大单净流入量的持续性对于判断市场趋势至关重要。短暂的净流入或净流出可能只是市场情绪的短期波动，不足以改变市场趋势。因此，投资者应关注主动大单净流入量的持续性，特别是连续多日的净流入或净流出情况。

3. 警惕异常波动

异常波动的主动大单净流入量可能意味着市场出现了异常情况。例如，当市场普遍预期某只股票将上涨时或突发利好或利空事件时，突然出现的巨额主动大单净流出可能是一个警示信号，表明市场对该股票或该事件的看好或看空程度降低或存在其他不利因素。因此，投资者应警惕异常波动的主动大单净流入量，并结合资金流向指标进行分析。

以上是同花顺特色成交量指标的一些用法，我们在日常操盘中还应该把成交量的基础知识和量价分析的技法全都掌握好，把基础打好了，在综合运用同花顺的特色指标和特色功能上就有如虎添翼的作用。

下面章节将量价分析的各种技法给大家做详细讲解。

微信扫码添加同花顺陪伴官小顺

获取更多图书增值服务

第二章

成交量基本形态之一

本章，我们来讲述成交量的几种量柱形态，也可称为柱状量形态。

行情中的成交量，是由一些柱状形态的宽幅线形组合而成，并随着股价 K 线的阴阳涨跌，在红色和绿色之间变换颜色。如果股价上涨，当日 K 线就会用红色 K 线标示，即阳 K 线，而成交量的柱状线也会用红颜色表示，称为"阳量柱"，代表当日的买方力量充足，市场中的买方活跃；反之，如果股价下跌，当日 K 线就会用绿色 K 线标示，即阴 K 线，而成交量的柱状线也会用绿颜色表示，称为"阴量柱"，代表当日的卖方力量较大，市场中的卖盘活跃。

本书注重实战操作，我们要讲述的并不是一些简单的量柱变化，我们要讲述的是一些非常具有实战意义的特殊量柱，这些量柱出现时，市场通常会发生一些微妙的变化。我们先来看一下，本章的第一种量柱形态——单量柱。

第一节　单量柱

单量柱是指股价上涨或下跌时，出现的单日大幅放量的柱状。

一、形态描述

　　单量柱通常是股价上涨或下跌时，聚集的买家或卖家过多，导致市场单日的买入或卖出的力量集中爆发而形成的单日增长的成交量柱。所以，单量柱出现后，股价往往会出现较大程度的下跌或上涨。我们来看一下单量柱，如图 2-1 所示。

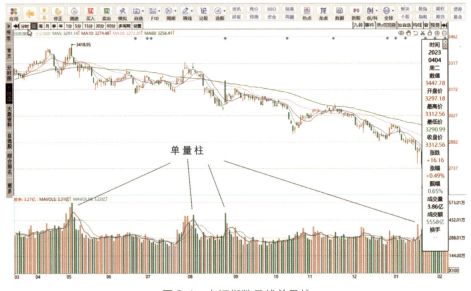

图 2-1　上证指数日线单量柱

　　从图 2-1 中，可以看到上证指数当时正处于一段下跌的行情走势中。在下跌阶段，曾出现左边三根单量柱：其中，在 2023 年 5 月初股指持续下跌的阶段，出现左边第一根单阴量柱，该量柱出现之后，指数持续下跌；到 8 月初止跌反弹时，指数才出现企稳迹象，随后出现第二根阴量柱，行情又开始大幅下跌；到 8 月底第三根阴量柱出现，后市持续下行。直到 2024 年 1 月下旬，指数创下 2635 点的阶段性低点时，才再次企稳，并于第二个交易日再次放量上攻出现一根阳量柱（最右侧），随后指数开始小幅上扬，逐步脱离了下跌的趋势。

二、形态含义

在现实交易中，单量柱的出现往往意味着买方和卖方力量的集中成交。如果股价当日下跌，收成阴 K 线，其量柱就是阴量柱，代表当日卖出力量集中成交，通常预示后市下跌；反之，如果股价当日上涨，收成阳 K 线，其量柱就是阳量柱，代表当日买方力量集中成交，通常预示着股价上涨。

三、实战案例解析

案例 1：华夏银行（600015）

我们来看阳量柱形态在现实行情中的表现情况，如图 2-2 所示。该图是华夏银行的日线行情走势图。

从图 2-2 可以看出，华夏银行的股价走势自 2010 年 11 月之后，是一段明显的下跌走势，但当股价运行到 2011 年 1 月初时，股价在上涨的过程中出现

图 2-2　华夏银行单量柱

一根阳量柱（左），说明在该阶段，有大量的买方成交。接下来，股价小涨后再次下跌，并创下 10.50 元的最低价，没有持续下行，而是再次回稳，震荡上行，并于 3 月初又一次出现一根阳量柱（右），随后，股价在经历过一波小幅度的回撤之后再次上涨。

在这里，我们要讲述的是，由于单量柱的出现，往往意味着买方和卖方的集中成交。在弱市中，当市场出现阳量柱时，虽然代表多方力量集中成交，但也意味着短时间内市场多方消耗力量过度，后续乏力。所以，弱市中单根阳量柱出现后，市场通常都会出现短期的回撤或震荡，以等待后续多方力量的补给。如果后续的市场多方力量补给及时，股价将会持续上涨；否则，便会出现大幅回撤，甚至下跌的情况。

案例 2：皖通高速（600012）

再来看皖通高速在一段行情走势中阴量柱的表现情况，如图 2-3 所示。

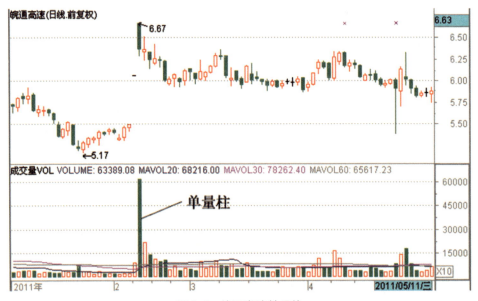

图 2-3　皖通高速单量柱

从图 2–3 可以看出，皖通高速（600012）的股价在 2011 年 1 月中旬 5.17 元止跌企稳，之后便出现一波快速的反弹，创下 6.67 元的高点，并在当日收成阴 K 线，出现单根阴量柱。说明当日卖方力量集中成交，很多投资者在当日高点卖出股票，而不是买入股票。

之后，我们看到，该股在阴量柱第二个交易日成交量明显萎缩，虽然收成阳 K 线，但买方的力量已经出现明显衰退，成交量远远少于下跌时的成交量，说明多方后续补给不足。随后，股价便进入震荡下跌走势之中。

四、判断技巧总结

在现实交易中，通过单量柱来判断行情的走势，一定要注意以下几点：

1. 在行情上涨的过程中，出现阳量柱，要比阴量柱更有利。出现阴量柱，通常预示着股价的上涨告一段落，出现阳量柱时，则预示着市场中的买方再次大幅度增加，后市若能在一周内创出新高，通常都是股价持续走高的标志，如果不能创出新高，则后市走低概率较大。

2. 股价在下跌过程中，出现阴量柱，代表空头力量过度凝聚，很多投资者在集中卖出股票，属于后市下跌的征兆。

3. 股价在高位出现阴量柱，预示着股价上涨过度，很多投资者都在趁股价高企时卖出股票，如果后市不能出现更多的买方阳量柱，这通常都是股价见顶的信号（后面我们还会细讲）。

4. 股价在低位出现阳量柱，代表市场下跌过度，很多投资者都在趁着低价买入股票，如果后市股价能企稳，并不断出现阳量柱，且股价又不创新低，这通常都是股价见底回升的标志。

第二节　双量柱

双量柱形态是指那些由两根量柱组成的量柱组合形态，如果这种量柱组合是由一根阳量柱后带一根阴量柱组合，这通常属于主力诱多出货的卖出标志。

一、形态描述

双量柱形态非常容易确认，就是由两根量柱组成。当然，有时候是阳量柱在前、阴量柱在后的情况，有时候是阴量柱在前、阳量柱在后的情况。我们来看一下双量柱的具体表现，如图 2-4 所示。

从图 2-4 可以看出，该图中出现的双量柱是先阳后阴两根量柱。同时我们

图 2-4　上证指数双量柱诱多特征

也看到，股价在第一根阳量柱出现时，跳空上涨，走势强劲，但在第二个阴量柱出现时，股价虽然也跳空上涨，但当日却收出阴 K 线、阴量柱，说明当日卖出股票的人较多，属于市场空头逢高出货的标志。此后，我们看到股价在双量柱出现后，开始出现一波走低现象，诱多特征非常明显。

二、形态含义

双量柱的出现其含义与单量柱类似，都是多方力量集中爆发的信号，特别是当一阳一阴双量柱同时出现，更具备了这种特征。当这样的双量柱出现时，说明市场中头一天还是大量的买入盘进入，第二日就风云突变出现大量卖盘，充分显露主力诱多出货的意图。当这种信号出现时，后市往往会因为缺乏更多的买盘而滞涨回落。

三、实战案例解析

案例 1：金丰投资（600606，现名为绿地控股）

我们来看双量柱在现实交易中的表现情况，如图 2-5 所示。

从图 2-5 可以看出，金丰投资在 8 月上旬之前，一直处于震荡上涨的走势。当行情运行到 7 月末尾时，行情开始出现下跌，但没过几天，行情出现了图中双量柱的形式大幅上涨，并创下 6.01 元的高点。但仔细看一下这两根量柱就会发现，第一根阳量柱出现的时候，股价出现了大幅的单日上涨，说明市场当日买方人气非常活跃，明显胜于卖方人气。当第二根阴量柱出现的时候，股价则出现了大幅单日下跌，说明市场当日卖方人气比较活跃。由此可以推断出，第一根阳量柱出现的单日大幅上涨，只不过是主力为了给自己留下更大的卖出空间，吸引市场跟风进入，是一种诱多出货的走势。

图 2-5　金丰投资双量柱诱多

案例 2：上海机场（600009）

再来看上海机场一段双量柱行情的走势，如图 2-6 所示。

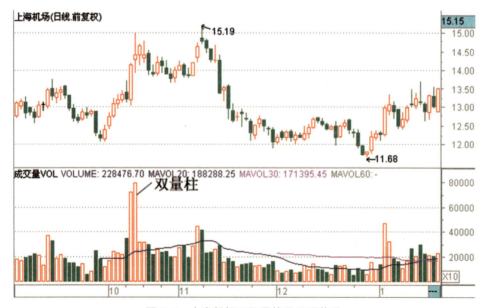

图 2-6　上海机场双阳量柱是见顶信号

从图 2-6 可以看出，上海机场股价在 10 月上旬是明显上涨的行情。我们可以看出，该股股价在上涨到 10 月上旬的时候，开始突然放量上涨，但仅仅持续了两天，成交量就再次萎缩，似乎所有的买盘都一下子消失了，留下一组十分显眼的双量柱。之后，我们看到上海机场的股价开始回落，虽然也能创出 15.19 元的新高，但随着一根倒锤头线的出现，股价很快下跌，幅度达到 30%。

可见，当股价大幅上涨之后突然出现双量柱，之后成交量又很快萎缩，并且股价也开始滞涨回落，这往往都是行情见顶看跌的征兆，此时只适宜投资者减仓或平仓出局，而不宜大量买入股票仓。

四、判断技巧总结

在现实交易中，通过双量柱来判断行情的走势，一定要注意以下几点：

1. 在行情上涨的过程中，出现阳 + 阴 K 线或阴 + 阴 K 线组成的双量柱，要比阳 + 阳 K 线组成的双量柱有更高的可靠性；当双量柱出现时，后市若在一周内不能再创新高，或创出新高不久就滞涨反跌，这通常都是股价见顶的标志，后市走低概率较大。

2. 股价在下跌过程中，出现阴 + 阴 K 线组成的双量柱，代表空头力量过度凝聚，很多投资者在集中卖出股票，属于后市下跌的征兆。

3. 股价在高位出现阳 + 阳 K 线组成的双量柱时，若之后成交量不能在一周内再次增加，并超过之前双量柱的成交量，则预示着股价上涨过度，这通常都是股价见顶的信号。

4. 股价在低位，出现阳 + 阳 K 线组成的双量柱时，代表市场下跌过度，很多投资者都在趁着低价买入股票，成交量放大，如果后市股价能企稳，并不断地出现更多阳量柱，且股价又不创新低，这通常都是股价见底回升的标志。

第三节　多量柱

　　超过三根的量柱组合出现，就属于多量柱形态，其含义与单量柱和双量柱基本相同，都说明市场中的买方、卖方力量集中爆发，涨跌力量短期内消耗过度，后市迎来疲软。

一、形态描述

　　多量柱，是指由三根以上的量柱组成的量柱形态组合，既可以是三根阴量柱，也可以是三根阳量柱，或者二者的混合。我们来看相关组合，如图2-7所示。

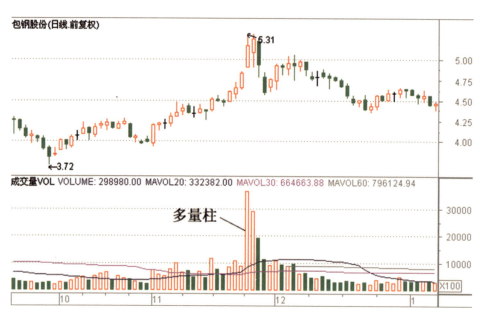

图 2-7　包钢股份多量柱出现力量消耗过大

从图 2-7 可以看出，包钢股份（600010）的股价在 12 月之前，一直处于上涨走势之中。当股价运行到当年 11 月底的时候，行情并始快速上涨，出现多量柱，并创下 5.31 元的高点，随后股价便滞涨回落。

从其下方的成交量指标中，我们可以看出，包钢股份在 11 月底上涨过程中，其成交量呈现出明显的多量柱形态，说明在该阶段买方力量大量买进，但随着后面量柱的逐步萎缩，第三根出现一根大阴量柱，可以看出买方力量明显消耗过大，并且一天少于一天，卖方也好趁机出货，所以股价下跌也就在情理之中。

二、形态含义

多量柱形态的出现，预示着市场中的多头力量在短期内大量释放，该形态出现在顶部，通常都是主力拔高出货的诱多信号，不要盲目跟进。

三、实战案例解析

案例 1：ST 二纺（600604，现名为市北高新）

来看多量柱形态在现实行情中的表现情况，如图 2-8 所示。

从图 2-8 可以看出，ST 二纺的股价自 9 月之前一直处于上涨过程中，但当股价运行到 9 月初时，出现三根多量柱，行情开始快速上涨。说明在该阶段，市场中的成交量非常活跃，形成多量柱组合，由于在该量组合中只有一根阳量柱，所以根据 K 线形态的含义可知，在形成多量柱的三天里，是以空方卖出为主的，只有一日阳量柱的那天，属于多方获胜的拔高行情。

再来看一下该股的股价走势。从该股之后的股价走势可以看出，其股价创出 8.25 元高点后的第二天，便开始下跌，多量柱形态尾端出现在股价高点阶段，并且股价创出新高的当日以垂头阴 K 线报收。当价格 K 线形态与多量柱形态相结合时，便可以确认，这是一种非常明显的主力诱多出货信号，所以此时只适宜卖出股票，而不宜买入股票。

图 2-8　两阴夹阳量柱是诱多信号

案例 2：日照港（600017）

我们再来看日照港一段多量柱行情的走势，如图 2-9 图所示。

图 2-9　多量柱见顶下滑走势

从图 2-9 可以看出，日照港的股价自 4 月中旬以前，一直处于震荡上涨的过程中，并且成交量也没有出现明显的变化。当行情运行到 4 月中旬时，出现多量柱，行情开始急速上涨，并创下 5.06 元的高点，随后股价开始大幅下滑，当日收成一根阳避雷针 K 线，这种 K 线形态属于一种行情见顶的信号，该信号与多量柱形态同步出现，更增加了股价下跌的可能性。随后，我们看到，自股价创出 5.06 元的高点，见顶后便开始大幅下滑。

可见，在运用多量柱形态进行行情分析时，投资者应注意将该形态与之前我们学到的 K 线形态信号相互结合综合运用，进一步提高自己的判断能力。

四、判断技巧总结

在现实交易中，通过多量柱来判断行情走势时，投资者一定要注意以下几点：

1.多量柱形态如果出现在长期上涨趋势之中，并与其他顶部 K 线同步出现，通常都是一种行情见顶的信号。

2.多量柱形态出现后，股价在一周内不创新高，并伴以成交量萎缩，这通常都是后市下跌的征兆；反之，再创新高，则是股价持续上涨的标志。

3.多量柱形态如果出现在长期下跌行情的低位，并伴随着股价的企稳，不再创出新低，这通常都是股价见底回升的标志。

第四节 草丛量

草丛量，其实是一种增量形态，该形态往往会出现在股价的底部阶段或上涨阶段。当该形态出现时，通常预示着多方力量正在增加，市场购买人气较高，看多气氛浓厚。

一、形态描述

　　草丛量是指成交量指标中的量柱出现不规则的放大，其形态特征就像是草丛一般参差不齐。我们来看一下它的形态，如图 2-10 所示。

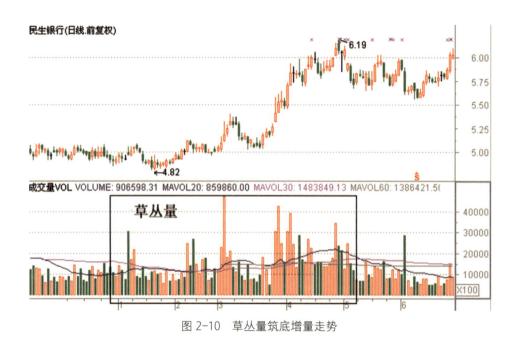

图 2-10　草丛量筑底增量走势

　　从图 2-10 可以看出，民生银行（600016）的股价一直在筑底过程中，前期明显处于下跌行情之中，但当股价创出 4.82 元的低点之后，行情开始止跌企稳，并逐步上扬。在股价上涨的过程中，我们看到其下方的成交量呈现出不规则的草丛量形态，直到股价创下 6.19 元的高点后，随着股价量柱的收缩，进入下跌阶段。

二、形态含义

草丛量的出现，通常意味着市场中的买方力量不断凝聚，如果该形态出现在行情的底部阶段，属于市场买方意愿较强的看多信号，如果股价能伴随着草丛量的出现，创出新高，则属于后市看涨的买入信号。

三、实战案例解析

案例1：上港集团（600018）

我们来看一下草丛量在现实行情中的表现情况，如图 2-11 所示。

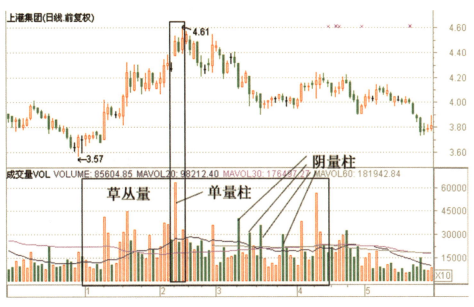

图 2-11 上港集团的草丛量、单量柱和阴量柱

从图 2-11 可以看出，上港集团的股价在前一年 12 月底创下 3.57 元的低点之后，开始企稳回升。随着股价的上扬，其下方的成交量出现明显的草丛量，量柱一根比一根高，说明该阶段，市场中有买方力量不断加入，看多的人气比

较活跃。但当股价运行到 2 月中上旬时，行情突然放量上攻，形成一根单量柱，股价创下 4.61 元的高点，但由于其后续力量无以为继，成交量大幅萎缩，行情大幅回落，并进入下跌趋势之中。

从 3 月中旬开始，我们从股价下跌阶段的成交量就可发现，在下跌过程中出现多根阴量柱，说明该阶段市场中的卖方意愿较强，大多数投资者都在趁价高时卖出股票，以规避风险。

案例 2：华电国际（600027）

我们再来看一下华电国际一段行情的走势，如图 2-12 所示。

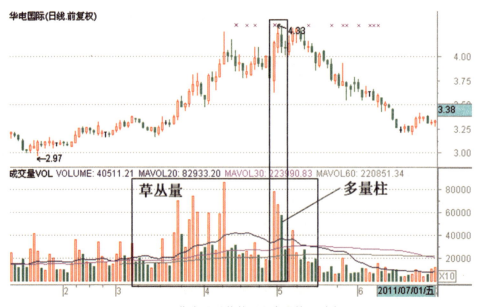

图 2-12　华电国际草丛量和多量柱同时出现

从图 2-12 可以看出，华电国际的股价进入 1 月底时创下 2.97 元的低点后，一直处于震荡上涨走势中，并在股价上涨的阶段，成交量的量柱也放量增长，不断增加，在 3 月至 5 月出现了明显的草丛量形态。该股行情开始大幅波动，最终创下 4.33 元的高点。图中我们可以清楚地看到，在最高点前成交量出现了由三根量柱组成的多量柱形态，此后成交量不但没有进一步放大，还出现了大幅度的萎缩，这说明市场中的买方力量后续补给不力，缺乏可持续性。

把上面学到的知识融会贯通，就可以知道，当股价随着草丛量的上涨创出新高后，市场多头力量基本消耗殆尽，缺乏可持续性。所以股价上涨之后，不但没有创出新高，还出现了下跌的情况。

投资者在现实交易中，遇到这样的行情走势时，应注意在高点及时平仓出局，规避风险，而不应无视市场趋势，大量买入高位的股票。

四、判断技巧总结

在现实交易中，投资者通过草丛量来判断行情走势，一定要注意以下几点：

1. 草丛量应出现在股价企稳回升的低点之后，并且行情在底部持续的时间越长，其可靠性越高。

2. 草丛量出现时，投资者应特别留意草丛量的量柱变化情况，如果股价上涨时，其草丛量的量柱呈现出逐步增长的形态，则往往是股价持续走高的征兆。

3. 当股价创下高点后，其行情不再持续上涨，而是伴随着成交量的大幅收缩出现下跌，这通常都是股价见顶回落的标志。

微信扫码添加同花顺陪伴官小顺
获取更多图书增值服务

第三章

成交量基本形态之二

第一节　天量

天量也称为巨量，是指某一日的成交量突然大幅增多，并远远超过其他时间段的成交量，甚至多日内的成交量。

一、形态描述

天量形态也属于一种单量柱形态，其不同点是，单量柱是经常出现的，甚至会连续出现，而巨量形态则不常出现，只是偶尔才出现一次。如果该形态出现在长期熊市的底部阶段，这通常都是底部要结束，行情即将上涨的征兆；反之，如果出现在相对高位，出现天量则属于市场即将见顶回落的顶部信号。

来看一下天量图的形态，如图 3-1 所示。

从图 3-1 可以看出，ST 马龙（600792，现名为云煤能源）的股价，6 月末开始以涨停的形式大幅上涨，最终以锤头阴线和阴避雷针 K 线打开涨停。此时我们看到，其下方的成交量出现了一根天量量柱和一根单量柱组成的双量柱，但由于这两根量柱全都是阴线，并且出现在股价的高位，此时便可判断，该处的天量柱其实是主力在卖出股票的诱多信号。

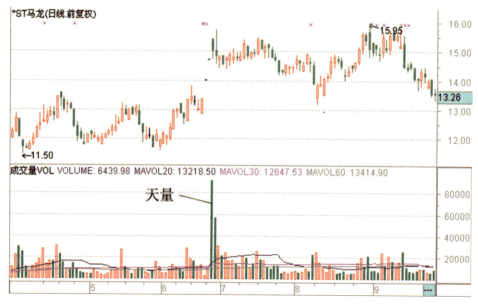

图 3-1　ST 马龙天量柱诱多信号

之后几个月，股价虽然也创出了 15.95 元的新高（9 月初），但由于缺乏不断增长的成交量的配合，最终该股再次下跌，肯定了天量柱信号的作用。

二、形态含义

天量的出现通常预示着当日的交易非常活跃，市场中有大量的买方和卖方，如果当日股价上涨，则后市上涨的概率较大；反之，如果当日股价下跌，之后股价下跌的概率较大，属于非常具有实战意义的信号模式。

三、实战案例解析

案例 1：钱江生化（600796）

我们来看天量形态在现实交易中的表现情况，如图 3-2 所示。

图 3-2　钱江生化天量暴涨的信号

从图 3-2 可以看出，钱江生化（600796）的股价走势在 4 月之前，一直处于震荡中，直到进入 5 月，其下方的成交量才出现了明显增多。当年 5 月 11 日，该股复牌当日，其股价开始大幅上涨，成交量也大幅度增加，出现了历史性天量。这说明，复牌当日买卖该股的投资者异常活跃，买方和卖方的力量非常大，并且是买方占据了主导，该股 5 月 22 日涨到了 6.63 元的高点。

案例 2：轻纺城（600790）

再来看轻纺城一段行情的走势，如图 3-3、3-4 所示。

从图 3-3 可以看出，轻纺城自 6 月的 14.21 元高价下跌以来，一直没有再创新高，当行情进入当年 10 月之后，行情开始便随着成交量的萎缩大幅下跌，并最终创下 2.55 元的低点。11 月行情便以涨停的形式大幅拉升，放出数根天量，开始了一轮长期上涨走势。

从图 3-4 的成交量指标可以看出，该股在出现天量和多量柱之后，股价处于一个阶段性的顶部高位，但由于是熊市末期，股价没有创出新低。之后，当

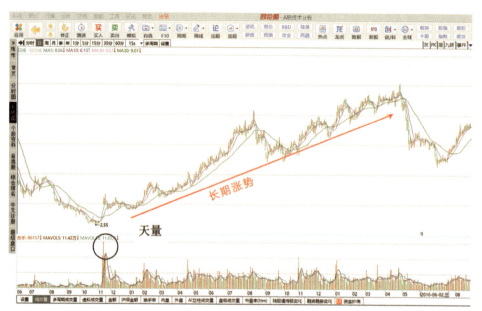

图 3-3　轻纺城低点出现天量大涨

图 3-4　熊市末期出现天量涨幅依然可以看多

股价再次伴随着成交量的增加而上涨，当月创出高点4.46元。这里的天量过后，如果在其后回调的低点，我们依然可以将其当成一个看多的信号。

四、判断技巧总结

在现实交易中，通过天量来判断行情的走势，投资者一定要注意以下几点：

1.天量如果出现在长期的熊市末期，并且股价在天量之后不再有新低点，这通常都是后市上涨的信号。

2.天量出现之后，股价出现了快速的上涨，如果天量当日收盘为阳K线阳量柱，后市持续上涨概率较大；如果天量当日收盘为阴K线阴量柱，后市下跌的概率较大。

3.天量出现后，股价经过一段时间的回撤，没创新低就企稳回升，并创出新高，这通常都是后市上涨的看多信号。

4.无论当日的股价上涨还是下跌，只要天量出现后，第二个交易日的成交量大幅度地萎缩，后市通常会面临回撤，下跌风险大。

第二节　地量

地量形态，是指成交量低迷的阶段，该阶段出现时，通常预示着市场中的交易非常低迷，很少有人买入股票建仓。

一、形态描述

地量形态通常出现在行情下跌的过程中，地量出现意味着市场人气极为低迷，多空双方均缺少交易意愿。我们来看地量的走势图，如图3-5所示。

图 3-5　鹏欣资源地量形态

从图 3-5 可以看出，鹏欣资源（600490）的股价一直处于下跌之中，于 10 月底创出 2.70 元的低点。此时，我们再来看一下其成交量情况，就可发现在股价创下新低之前的一段时间里，该股的成交量一直是处于低迷状态，属于地量区域。该股在地量区域创下低点后，经历一番调整，开始逐步回稳，成交量也开始逐渐放大，与之前的地量区域形成鲜明对比。后来在 12 月又出现天量的阴量柱，也依然没有阻挡其上涨势头。

二、形态含义

地量形态出现，往往意味着市场交易清淡，多空双方均缺乏积极的交易意愿，属于行情极度低迷的阶段，也叫震荡期。如果该阶段行情走完，逐步企稳回升，不再创出新低，并伴随着成交量持续放大，这往往是行情见底回升的标志。

三、实战案例解析

案例1：龙元建设（600491）

我们来看地量形态在现实行情中的表现情况，如图 3-6 所示。

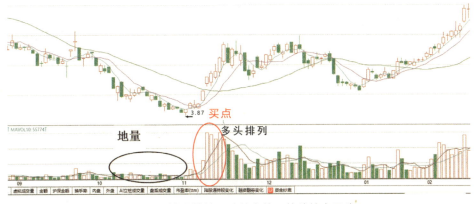

图 3-6　地量持续下跌的走势，等待筑底回稳

从图 3-6 可以看出，龙元建设的股价自 8 月创下 9.19 元的高点之后，便开始快速下跌，并在下跌过程中形成一个明显的地量区域。这说明，在这个阶段中，市场中买卖双方都处于观望等待之中，直到 11 月上旬，股价创下 3.87 元的最低点后，行情才打破僵局。随着成交量的放大，多头排列，股价快速拉升，到高位又震荡上行，步入新一轮上涨趋势之中。

可见，当成交量出现地量形态时，关注股价和成交量之后的增减变化，非常有助于投资者寻找行情的底部。一旦股价在地量区域不再创新低，而是伴随着成交量的突破，出现增量形态，这通常都是行情见底回升的信号，投资者可以在地量企稳的阶段，适当买入股票。

案例 2：龙元建设（600491）

再来看龙元建设另一段地量行情的走势，如图 3-7 所示。

图 3-7　地量末端企稳回升之势

从图 3-7 可以看出，龙元建设的这一段股价走势，是从 10 月初开始下跌，当行情运行到 11 月时，地量形态明显形成。随着低点 4.91 元的出现，股价没有再创新低，而是在底部横向徘徊，直到进入 12 月，行情才开始强劲上涨，并且成交量也大幅放大，说明该阶段交易活跃，很多投资者都在买入股票建仓。之后，行情便持续强势，进入 9.00 元的高位区域。

这个案例，我们再一次看到了地量形态与底部出现的辩证关系。投资者在现实交易中，一旦遇到低点和地量之后，要多观察，股价不跌反涨的情况，应特别留意该股的下一步动向，等到企稳，在适当的时机买入股票建仓。

四、判断技巧总结

在现实交易中，通过地量形态来判断行情的走势，投资者一定要注意以下几点：

1. 地量形态应出现在行情下跌的过程中，并且股价下跌的周期越长越好。

2. 地量形态应至少保持一个月的时间，并且地量形态持续的时间越长越好。

3. 地量形态出现之后，股价在地量中企稳，不创新低，要比成交量放大时企稳的胜算更高。

4. 地量形态出现后，如果股价伴随着成交量的增加企稳回升，通常都是行情见底的征兆，成交量放大所持续的周期越长，可靠性越高。

第三节　量堆

量堆，是连续的多阳或多阴成交量堆在一起，是一种非常具有实战意义的成交量形态。当股价经过大幅下跌之后，一旦股价企稳出现量堆，通常都是股价见底回升的信号。

一、形态描述

量堆，既可以出现在行情上涨的过程中，也可以出现在下跌的过程中，但以股价出现在成交量低迷的下跌过程的末尾，更具实战意义。我们来看一下图形走势，如图3-8。

图 3-8　大幅下降到低点出现量堆

从图 3-8 可以看出，某股的股价自前一年 12 月开始下跌，一直处于下跌走势中，并且成交量在 2—4 月呈现低迷的地量形态。当股价运行到 4 月底创出 3.08 元的低点后，此后 3 个月成交量开始增大，形成一个明显的量堆，股价开始逐步企稳，彻底摆脱了之前人气低迷时期的颓废形态。这说明，在该阶段有大量的买方进入，属于后市看多的积极信号。

二、形态含义

量堆出现的时候，最重要的特征就是成交量由低迷转为放大，而且是连续放大。成交量的放大意味着市场买方人气的活跃，市场看多。但是，堆量往往持续的周期较短，当它出现的时候，通常是主力尝试性建仓的信号，后续要看多方力量能否持续。

三、实战案例解析

案例1：复旦复华（600624）

我们来看量堆形态在现实行情中的表现情况，如图3-9所示。

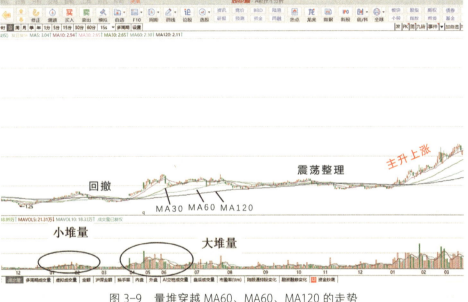

图3-9　量堆穿越MA60、MA60、MA120的走势

从图3-9可以看出，复旦复华的股价前半段一直处于震荡下跌的走势中，直到前一年12月中旬，股价便随着地量的出现，创下1.25元的最低点之后，才开始逐步企稳。

图中，我们明显看到，股价在企稳回升的过程中，出现了阶段性的回撤，并跌破了MA30和MA60，但没创新低，就再次企稳，并随着成交量的增加一举上穿MA120均线，进入长期上涨趋势。

我们再来看一下该股在上涨阶段的成交量变化。从其下方的成交量指标中可以发现，在股价上升的过程中，其成交量先在1—2月出现一个小量堆，之后 4—5 月又出现一个大量堆,说明该阶段市场中有大量的买方逐步加入进来,市场人气开始活跃。该股大量堆出现,股价上穿 MA120 均线后,经过半年时间的震荡整理,于次年 1 月在多头成交量的配合下,再次进入主升阶段,开启大涨行情。

可见,当成交量伴随着股价的下跌,出现低点和地量形态时,如果股价能随着量堆的出现放量上涨,并在之后的回撤过程中,不再创出新低,这通常都是股价见底回升的行情,即将启动一波大涨趋势。

案例 2:东方明珠(600637)

再来看一下东方明珠一段行情的走势,如图 3-10 所示。

图 3-10　大量堆的紧密配合掀起涨势

从图 3-10 可以看出,东方明珠的股价在上年 11 月,创下 0.14 元的低点后开始止跌企稳。虽然其成交量没有什么大变化,只在 12 月有几天小反弹。由于该股在底部运行的阶段缺乏成交量放大的配合,一直不温不火,还需要继续观察。

当行情运行到当年1月前后，股价再次小幅回调，但依然没有创出新低价位，反而是起来量堆，股价上升，并以涨停的形式上穿MA60均线，进入长期上涨趋势。

再来看其下方的成交量指标右侧的量堆，东方明珠的股价在上穿MA60、MA120均线之后，其成交量呈现出明显的量堆形态，说明该阶段的多头买入意愿非常强烈。所以，当股价在MA120均线上方出现回撤，并再次随着成交量的增加止跌回升的时候，就属于投资者买入股票的最佳时机。在大趋势上涨中，投资者宜尝试买入股票，而不是卖出股票。

四、判断技巧总结

在现实交易中，应用量堆判断市场走势时，投资者应注意以下几点：

1. 量堆出现时，其之前的成交量应为地量区域，并且地量区域的时间跨度越大，股价见底逆转的可靠性越高。

2. 量堆出现后，股价不宜再创新低，而以股价上穿MA120均线者为最佳逆转信号。

3. 量堆有大小之分，可以出现一个，也可以是两个或多个。

4. 量堆出现时，成交量较之前的增长幅度越大，股价反转的可靠性越高。

5. 量堆在底部顺应股价的走势由小到大排列，后市上涨的可能性较高；反之，如果量堆出现在顶部，由大到小排列，则后市见顶回落的可能性较高。

第四节　量带

量带和量堆同样重要。量带是指经过长期的增量之后，形成的一个成交量持续增长的阶段形态。该形态出现时，通常预示着行情已经进入多头主导的阶段，市场中不断有买方加入，属于一个行情活跃的看多信号。

一、形态描述

量带属于一种草丛量形态，通常出现在股价底部和上涨阶段，通常由多个月份的成交量不断堆积而来，只是成交量比草丛量更大更密集。我们来看一下行情走势，如图 3-11 所示。

图 3-11 退市同达集中量带迎来的涨势

从图 3-11 可以看出，退市同达（600647）的股价自 11 月创下 1.607 元的低点，此前一直处于成交低迷的下跌走势之中，其下方的成交量属于非常明显的地量形态，可见该股当时的清淡程度。但当股价运行至次年 11 月创下新低点后，行情开始拒绝下跌，并在不断增加的量带带动下，强劲上涨，陆续上穿 MA30、MA60 和 MA120 的均线，进入长期上涨趋势。

我们来看下方的成交量形态，其成交量呈现出明显的草丛型量带形态，并且随着股价的上涨，其量柱也不断加长，属于非常明显的强势量带形态。

二、形态含义

量带形态集中出现时，通常预示着市场中的买方人气被激活，多头的看多意愿非常浓厚，属于非常可靠的看多信号。

三、实战案例解析

案例 1：德赛电池（000049）

我们来看一下量带形态在现实交易中的表现情况，如图 3-12 所示。

从图 3-12 可以看出，德赛电池的股价在经过长期的下跌之后，于 2008 年 11 月前后，创下了 3.92 元的低点，此后便止跌企稳，步入长期上涨阶段。

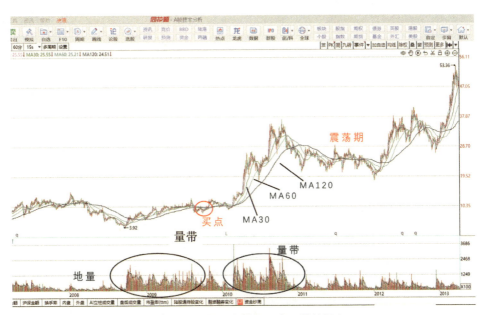

图 3-12　长期低点徘徊迎来量带的爆发

从其下面的成交量指标中，我们可以看出，该股在 11 月之前下跌阶段，成交量是极度萎缩的，属于长期地量形态。随着低点 3.92 元的出现，行情开始逐步企稳回升，成交量也出现大幅度的增加，直到 2010 年初股价上穿 MA30、MA60 和 MA120 进入长期上涨趋势，该股的成交量始终保持放量增长形态，这种情况持续了一年。成交量呈现出长期的量带形态，说明在该阶段，有主力在不断买入股票，市场交易非常活跃。

之后，我们看到，该股经过两波阶段性的回撤后（中间有一个震荡期），重新企稳，并随着成交量的再次增加，创出新高 53.36 元的价位，进入主升顶点。

所以，在现实交易中，投资者遇到这样的情况时，应多加关注，在堆量起步之时或其回撤企稳之时，尝试买入股票建仓。

案例 2：四川双马（000935）

我们再来看一下四川双马量带行情的走势，如图 3-13 所示。

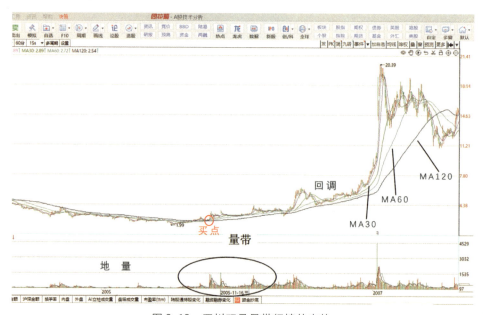

图 3-13　四川双马量带行情的走势

从图 3-13 可以看出，该股前阶段长期处于震荡下跌走势，其成交量异常低迷，属于明显的地量形态。自从股价创下 1.99 元的低点后，行情一改往日的颓废，开始随着成交量的小幅增加，逐步企稳并上穿 MA30 和 MA60，说明该股在这个阶段的买方人气开始活跃，有主力在持续买入股票建仓。

之后，我们看到，该股自从进入长期上涨趋势后，成交量便始终保持增加的量带态势，这种情况一直持续了半年多。在 2006 年 8 月经历一波大的下跌盘整，成交量萎缩，但最终还是创出阶段性新高，在 2007 年初出现最高股价 20.39 元。

所以，投资者在现实交易中，遇到这样的股价走势形态时，应多加关注，并在适当低点时机买入股票建仓。

四、判断技巧总结

在现实交易中，应用量带来判断行情的走势时，一定要注意以下几点：

1. 量带应出现在地量或量堆之后，持续的时间最起码应该为 3 个月以上，如果持续的时间较短，就属于量堆。

2. 量带出现阶段，股价不再低于之前的低点，就会继续创出新高，步入主升阶段。

3. 如果量带的前方没有量堆，当量带出现时，股价应随着量带的出现而上涨。

4. 如果前面有量堆，量带通常会出现在股价上穿 MA120 均线之上，或伴随着股价上穿 MA120 均线出现回撤，在股价企稳后，再次放量时宜建仓买入。

第五节　点量

只有在股价出现极端走势时，才会出现点量形态。点量形态分为两种形式，一种是涨停点量，一种是跌停点量。点量形态出现时，说明股价正处于涨停或跌停中，市场中的多头或空头极端聚拢，是一种单方优势的行情形态。

一、形态描述

点量形态很容易辨认，该形态看起来比地量形态还低迷，呈芝麻点形态，所以，我们就根据其形态的特征，将其命名为点量形态。我们来看一下其走势图，如图 3-14 所示。

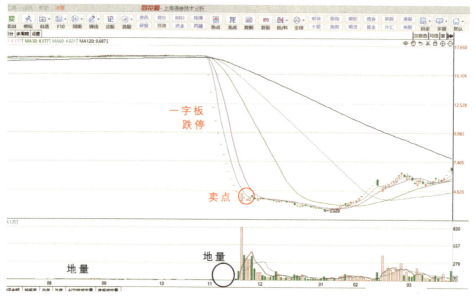

图 3-14　最右侧点量形态走势

图 3-14 是一段跌停走势的点量形态。从图中可以看出,退市济堂(600090)的股价自 10 月底开始以跌停的形式快速下跌,其下方的成交量大幅萎缩成芝麻点形态,说明该阶段的买方人气非常稀少,属于空头猖獗,多头低迷的下跌行情。现实交易中,投资者遇到这样的情况时,要么是公司遇到经营困难,要么是公司面临退市(2025 年将有一大批上市公司面临退市风险),只适宜持币观望,等待反弹机会迟早清仓,减少损失。

二、形态含义

点量形态如果出现在跌停下跌行情中,说明市场中有大量的卖方在卖出股票规避风险,只有少量的买方在尝试买入股票,属于空方市场占绝对优势的单边行情走势。反之,如果出现在涨停上涨行情中,说明市场中有很多买方在大量买入股票建仓,只有少量的卖方在趁高卖出股票套现,属于多方市场占绝对优势的单边行情走势。

三、实战案例解析

案例 1:云煤能源(600792)

我们来看一下点量在现实交易中的表现情况,如图 3-15 所示。

该图中是一段涨停走势的点量形态。从图中可以看出,云煤能源的股价自 8 月以来,一直处于下跌行情中,但当股价运行到 9 月底创下 6.99 元的低点后,行情开始逐步企稳,出现点量形态。当行情运行到 10 月初的第二个交易日,股价开始风云突变,突然以涨停的形式大幅拉升,并形成持续的成交量上涨形态,说明此时市场中只有买家而缺少卖家,属于非常典型的主力拔高行为。

所以,现实当中投资者若遇到此类行情走势时,应坚决持股待涨,不要轻易卖出股票,除非股价结束涨停板,并出现连续下跌走势,否则,投资者应一直持有待涨时机,即便短暂回调仍有大涨机会。

图 3-15　点量形态的上涨行情（一字涨停）

案例 2：云煤能源（600792）

前面看到云煤能源点量上涨形态，再来看该股另一段点量下跌形态，如图 3-16 所示。

从图 3-16 可以看出，云煤能源的股价在当年前几个月还处于逐步上涨的过程中，但当股价创下 22.53 元的高点后，行情开始逐步回落，到了 3 月底有一段很长的停牌期。重新复牌之后，我们可以看出，圆圈内下方的成交量呈现出缩小的点量跌停形态，说明该阶段市场中的买方意愿在下降，多头力量正在减弱，属于明显的走弱迹象。

该股长时间停牌是有原因的，本身它就带了 *ST 标志。我们看到该股自 11 月复牌之后，股价直接以跌停的形式大幅下跌，跌幅达到 60% 以上，下方的成交量也出现持续的点量形态，说明该阶段市场中只有卖方盘而没有买方盘，股价下跌的压力巨大。所以，有经验的投资者在止跌反弹时就应该考虑出局或减仓。

图 3-16　点量下跌形态（连续跌停）

在现实交易中，投资者若遇到此类形态，尤其是带 ST 和 *ST 标志的，不管其上涨或下跌形态如何，应特别谨慎参与，多空仓观望，更不应尝试买入股票。已经持有仓位的投资者也应积极挂单，在点量上涨接近高位时，争取成交逃顶，尽可能避开风险；对于点量下跌的股票，多注意其公司简报和业绩报告，没有企稳前不要过多参与。

四、判断技巧总结

在现实交易中，根据点量形态判断股价走势时，一定要注意以下几个条件：

1. 点量形态如果出现在股价下跌的末期，不再创出新低，并随着股价的上涨上穿 MA120 均线，进入长期上涨趋势，属于行情已经扭转了颓废的行市，正处于由熊转牛的关键阶段，投资者可以在此时耐心等待买入时机。

2. 股价如果上涨到高位，一旦出现点量下跌的情况，往往意味着行情走势基本结束，市场风险开始加大，属于防范风险的减仓或平仓的信号。

3.在上涨过程中，点量涨停行情如果持续的时间较短（3日内），行情在涨停板打开，通常会出现回撤走势；反之，在下跌过程中，点量跌停行情如果持续的时间较短（3日内），行情在跌停板打开，通常会出现反弹走势。

4.在整体行市走势不佳的情况下，某个股票一枝独秀地出现涨停点量走势，如果持续的时间较长（5日以上），一旦股价打开涨停板，后续行情通常会大幅度回落，此时是冲顶的信号。

微信扫码添加同花顺陪伴官小顺
获取更多图书增值服务

第四章

同花顺成交量的变化形态

第一节　增量

增量形态，是投资者在现实交易中必须掌握的一个判断股价涨跌的基本形态，增量形态出现时，通常伴随着股价的上涨。

一、形态描述

增量形态，一般都会出现在股价上涨的过程中。其形态特征是：成交量随着股价的上涨不断增加，即使偶尔出现成交量缩小的情况，也会在之后的上涨过程中继续保持增长的态势。我们来看一下增量形态的图示，如图 4-1 所示。

从图 4-1 可以看出，ST 晨鸣（000488）的股价自创下 2.05 元的低点后止跌回升，成交量也开始逐步增加，并且在股价上穿 MA30 后，成交量随着股价的上涨持续放大，最终形成一个大型增量带，股价也在成交量的增加下强劲上涨，创出阶段性高点。

图 4-1　股价上穿 MA60 后形成增量

二、形态含义

　　股价在上涨的过程中，如果没有成交量的持续增加，通常说明市场中的买方人气不足，无法持久地维持股价的上涨；只有伴随着成交量不断增大而出现股价上涨，才说明市场中的购买力是真实的，属于买方意愿强烈的信号，这就是增量带的含义。

三、实战案例解析

案例 1：四环生物（000518）

　　我们来看一下增量形态在现实行情中的表现情况，如图 4-2 所示。

　　从图 4-2 可以看出，四环生物的股价自企稳之后，于 5 月初上穿了 MA30、MA60 和 MA120 均线，并且在其下方出现一个非常明显的量堆，说明有主力在该阶段大量买入股票建仓。8 月初，随着股价上穿 MA120 均线后，

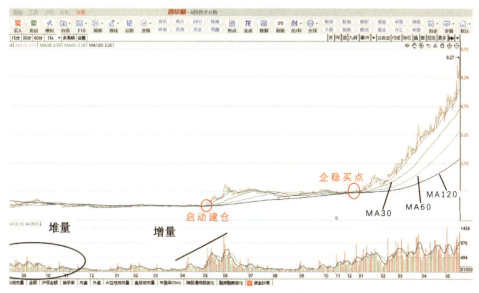

图 4-2　量堆回调后有增量形态，带来强劲上涨

部分获利盘开始平仓出局，成交量也随之大幅度萎缩，股价在 7—11 月步入震荡回撤的走势之中。经过几个多月的充分调整，股价于 12 月再次企稳，成交量也随着股价的企稳而持续增多，说明市场中的买方人气在不断增强。

伴随着股价的缓慢上升，成交量开始逐步增加，形成增量形态，直到股价创下 9.27 元的高点后，成交量才随着股价的回落出现萎缩，一波主升行情就这样结束了。

可见，投资者在现实交易中，若碰到此类股价走势形态时，可在股价回撤结束逐步企稳上涨，增量出现时，就是买入股票建仓的时机。

案例 2：京粮控股（000505）

我们再来看一下京粮控股的一段行情增量走势，如图 4-3 所示。

从图 4-3 可以看出，京粮控股的股价自 1.03 元低价上涨以来，于 9 月上穿 MA120 均线，但在 1—3 月下方成交量并没有多大的变化，只出现几根量柱，说明该股在当时并没有引起市场人士的关注。

图 4-3　大幅上涨的增量形态

直到 3 月下旬，股价经过大幅度的回撤之后再次回升时，成交量才有了明显的变化，出现幅度较大的增量，并伴随着成交量的增加，股价也出现了大幅度的上涨，说明该阶段市场人士已经开始关注该股，并有大量的投资者参与进来，市场人气被激活，后市持续上涨的概率变大。事实上，该股进入大涨后，图中股价一直在上涨，该股后来大幅度上涨至 5.58 元。

可见，投资者在现实交易中，一旦发现股价走势在进入长期上涨趋势之后，出现长期增量的现象，一旦该股在 MA120 均线附近（MA120 均线上方 35% 以内的区域）出现回撤走势，当其再次伴随着成交量的大幅增加而上涨时，便属于一个胜算较高的买入信号，投资者在此时可以抓住买入时机。

四、判断技巧总结

在现实交易中，根据增量形态判断行情走势时，一定要注意以下几个条件：

1.增量形态应出现在股价大幅下跌的熊市末期，伴随着股价的上涨而出现。

2.增量形态出现之前，如果有量堆或量带出现，并且股价已经在量堆和量带出现阶段企稳回升，之后股价持续上涨的概率较大。

3.增量形态出现前，如果之前出现过量堆，并且伴随着量堆的出现，股价已经上穿了 MA120 均线，当股价在 MA120 均线上方回撤后再次上涨时，出现增量现象，通常都是股价即将进入主升阶段的信号。

4.增量形态出现阶段，股价不应处于 MA120 均线下方运行，并在 MA120 均线上方运行，可以作为股价即将大幅上涨的信号。

第二节　缩量

缩量形态出现时，说明市场中的买方人气逐渐低迷，该形态通常出现在股价的顶部区域和下跌阶段，都属于一种后市堪忧的信号。

一、形态描述

缩量形态是指成交量出现萎缩的走势形态，其主要特征就是量柱由逐步放大变为逐步缩小。我们来看一下案例图示，如图 4-4。

从图 4-4 可以看出，长虹美菱（000521）的股价自 10 月上涨，其成交量的量柱就开始逐步萎缩，单量柱一根比一根短，呈现出明显的缩量形态，当该股创下 13.70 元的高点后，股价开始逐步回落步入下跌阶段。

所以，在现实交易中，投资者若在高位遇到成交量正在缩减，且价格出现下跌的情况时，应增强风险意识，在上涨过程中减仓规避风险。

图 4-4　逐步降低的缩量形态

二、形态含义

　　缩量形态对投资者判断股价的顶部和下跌意义重大，该形态出现时，其实就是一种明白无误的看跌信号。成交量的变化不但代表着市场中的人气变化，还代表着市场中的资金流量变化，一旦个股的成交量发生了变化，由增量变为缩量，通常都是市场买方人气减弱的信号。此时投资者必须增强风险意识，一旦股价走势不利，应及时减少仓位或平仓出局，以规避风险。

三、实战案例解析

案例 1：长虹美菱（000521）

　　我们来看一下缩量形态在现实行情中的表现情况，如图 4-5 所示。

　　从图 4-5 可以看出，长虹美菱的股价在 10 月之前，一直处于增量的走势之中，当行情运行到 12 月上旬时，股价再次放量上涨并创出 13.22 元的高点，

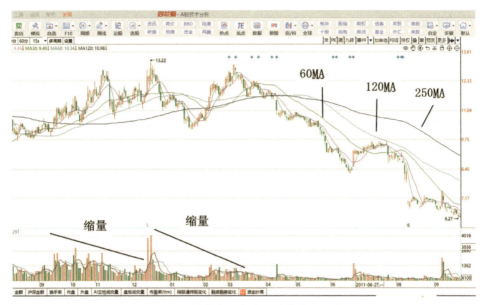

图 4-5　美菱电器先涨后跌的缩量形态

随后便出现阶段性下跌，并跌破 MA120 均线。虽然之后股价再次企稳，有一波小增量，回到 MA120 均线上方，但股价在上涨过程中的成交量明显比之前上涨时大量减少，呈现持续缩量形态，说明该阶段股价上涨的动力远小于前期股价上涨阶段，属于后市看淡的信号。

接下来，我们看到股价在接近 13.20 元的高点附近并未创新高，而是再次下跌，并跌穿 MA120 均线，步入长期下跌走势，成交量也明显萎缩，形成缩量形态，说明该阶段的买方人气极度低迷，市场中的空头气氛比较严重。

可见，在现实交易中，投资者若遇到缩量走势形态时，应增强风险意识，及时地减仓或平仓，而不宜在该形态出现时大量买入股票。

案例 2：美的电器（000527，已退市，现为美的集团）

同样是电器公司，我们再来看一下美的电器一段缩量行情的走势，如图 4-6 所示。

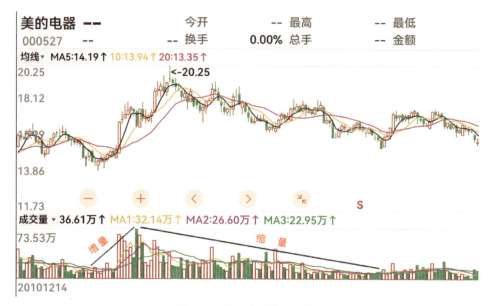

图 4-6　美的电器缩量行情

从图 4-6 可以看出，美的电器的股价走势与美菱电器基本类似，随着成交量的变化先升后跌，唯一不同的是，美的电器的股价走势要比美菱电器更强一些，并在当年的第二次上涨时创出了新高 20.25 元，突破了前期的高点。

仔细观察美的电器的股价走势即可发现，该股在 2011 年 3 月创出高点时，其下方的成交量在 2 月出现了大幅增加的现象，并且超过了之前股价上涨阶段的成交量。然而，该股的股价在 4 月下跌期间，其成交量也出现了大幅度的萎缩，呈现出缩量形态。随着股价的持续下跌，成交量也进一步萎缩，属于明显的看跌信号。

投资者在现实交易中，遇到股价自高位缩量下跌的情况时，一定要做好风险防范的准备，并及时减仓或平仓，一旦股价跌破 MA120 均线时，这就是投资者安全出局的最后时机。

四、判断技巧总结

在现实交易中，根据缩量形态判断行情走势时，一定要注意以下几个条件：

1. 缩量形态出现时，说明市场中的看多意愿正在减弱。

2. 缩量形态出现时，如果股价在高位跌破 MA30，这通常都是投资者减仓卖出的警惕信号；如果股价跌破了 MA60，则是后市转弱的关键信号，该信号出现时，投资者应尽可能多地卖出股票，平仓出局；当股价跌破 MA120 均线时，就是投资者全部平仓的最后信号。

3. 当股价在高位缩量下跌后，如果股价再次上涨，但其成交量远小于之前上涨阶段的成交量，无论其能否创出新高，都是危险的信号，一旦股价跌破 MA30，后市再创新高的概率就会大减，反而持续下跌的概率较高，应当尽快减仓或出局。

第三节　量峰

量峰，是指成交量从增量到缩量的顶部形态。该形态出现时，通常意味着市场多空力量已经出现分歧，多方力量正在由旺盛转向衰退。

一、形态描述

量峰通常出现在股价上涨的过程中，其形态特征是：成交量由逐渐放大变为逐渐缩小，呈现出明显的山峰形态。我们来看一下案例图示，如图 4-7。

图 4-7　量峰到顶，由盛而衰

从图 4-7 可以看出，皖能电力（000543）的股价自 1 月底止跌企稳，并随着股价的回升，成交量也出现了增长的态势，这种走势形态一直延续到 5 月出现量峰，股价创下 11.45 元的高点。

我们看一下该股下方的成交量即可发现，成交量在创下高点的前两日，出现一根天量柱，说明该股在股价创新高的前夕，市场中的买方意愿非常强烈。随后我们看到，股价在创出新高时，其下方的成交量出现大幅度的萎缩，之前的天量柱变成了量峰的最高位，随着成交量的持续萎缩，股价也持续下滑，最终跌破了 MA120 均线，进入下跌趋势。

二、形态含义

量峰形态的出现，往往意味着市场交易由强转弱，买方人气不济，上涨趋势随时都会出现下跌的走势，属于行情即将见顶回落的风险信号。

三、实战案例解析

案例 1：穗恒运 A（000531）

我们来看一下量峰形态在现实行情中的表现情况，如图 4-8 所示。

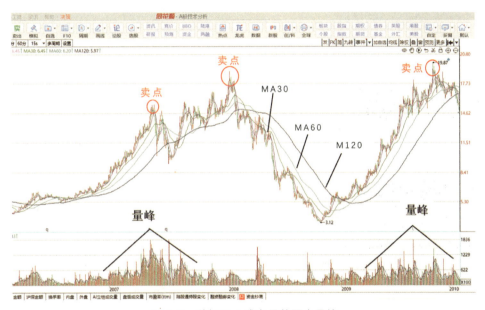

图 4-8　穗恒运 A 成交量的两个量峰

从图 4-8 可以看出，穗恒运 A 的股价在前后两个时间段形成两个量峰。
该股前一个量峰走势中，我们从下方成交量中可以看出，该股在 2007 年 4 月
左右就已经形成了明显的量峰，说明买方人气在该阶段很旺盛，并在半年内逐
步达到顶峰。之后虽然股价能震荡上行，并创出新高，依然属于投资者防范风
险，这是逢高卖出股票的最佳时机。

在经历震荡和下行后，我们看到股价跌入谷底创下 3.12 元的低点后，再
次伴随着成交量的增加企稳回升时，于 2009 年 8 月左右形成第二个量峰，但
是涨势并未结束，股价上穿 MA60、MA60 后一直在上升，并创出 19.87 元的高点。

后来行情再次进入下跌趋势，下穿 MA60，成交量也逐渐萎缩，进入下跌通道。

可见，当个股的成交量出现量峰形态时，股价冲顶还有一部分力量，说明市场买方人气达到最高后，开始下降。量峰过后，这阶段只适宜投资者择机卖出股票，而不宜继续买入股票和持有大量股票。

案例2：顺钠股份（000533）

再来看一下顺钠股份的一段量峰行情的走势，如图 4-9 所示。

图 4-9　量峰顶点之后，价量齐衰

从图 4-9 可以看出，顺钠股份的股价自 12 月之后，一直处于上涨走势中，其成交量也随着股价的上涨持续增多，增量形态非常明显。但当股价创出 14.64 元的高点之后，行情不再持续上涨，而是出现了逆转势头，进入下跌通道。

我们来看一下其下方的成交量，便可看出该股下跌的端倪。该股成交量自 12 月开始逐步增加，这种势头一直随着股价上涨持续到次年 6 月上旬达到顶峰，形成一个非常标准的量峰形态。此后股价下跌，其成交量也开始持续萎缩。

可见，在现实交易中，个股的成交量一旦出现量峰形态，通常预示着股价走势的高点已经为期不远，如果股价伴随着量峰的出现而大幅下跌，通常都是股价见顶回落的前兆。投资者应增强风险意识，及时在顶峰附近择机出局。

四、判断技巧总结

在现实交易中，应用量峰判断行情走势时，应注意以下几个条件：

1. 量峰出现后，股价再次创出新高且持续上涨，说明市场买方人气已经减弱，投资者应逐步尝试卖出股票，或谨慎持有股票，一旦股价出现下跌走势下穿 MA60，后市出现长期下跌的概率非常大。

2. 量峰形态出现时，如果股价也顺应量峰走到顶部出现下跌，通常都是阶段性高点形成的标志，后续要继续看多空力量的博弈。

3. 股价在长期上涨趋势中，有时会出现多个量峰，后面的量峰高于前面的量峰，节节走高，则是大涨趋势；如果后面的量峰比前面的量峰低，出现节节衰退，说明市场买方力量已经转弱，属于长期上涨趋势即将终结的信号。

4. 量峰在股价下跌的过程中出现，通常属于反弹结束的信号。

第四节　量坑

与量峰相对应的便是量坑，相当于谷底，是指成交量由高到低、由萎缩到增加的凹陷区域。该形态的出现，往往预示着市场中的买方人气正在由极度低迷逐步变为极度旺盛。

一、形态描述

　　量坑通常出现在股价下跌的过程中，如果该形态出现在上涨趋势中，往往预示着市场离顶不远。如果之后其再度上涨的成交量量峰较之前大幅变低，这便是股价下跌的前兆。

　　我们来看一下案例图示，如图4-10。

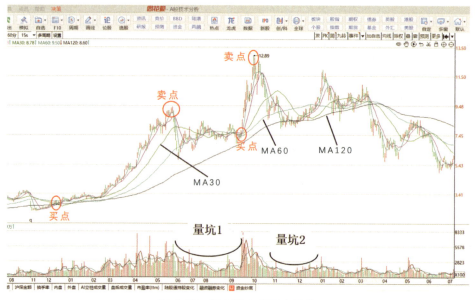

图 4-10　新大洲 A 的两个量坑

　　从图4-10可以看出，新大洲A（000571）的股价前阶段一直处于上涨过程中，当其行情运行到6月份时，其股价开始大幅回撤，并在下方的成交量指标中形成一个明显的量坑（量坑1）。后市股价和成交量都创出了新高，达到12.89元，但股价上涨的幅度和时间以及成交量持续增长的时间却大幅度萎缩。

　　之后股价再度回撤，形成第二个量坑（量坑2），然而，股价在量坑2出现后再次上涨时，没有创出新高，相较之前的成交量，出现了明显萎缩，说

明该阶段该股的买方人气已经开始衰退，所以此后股价出现下跌，也就很好
理解了。

二、形态含义

量坑的出现，通常预示着买方人气大幅缩减，属于市场阶段性变淡的信号，
该形态出现时，预示着股价短期内缺乏买方意愿的支持，后市走势有待观察。

三、实战案例解析

案例1：退市同达（600647）

我们来看一下量坑形态在现实交易中的表现情况，如图4-11所示。

从图4-11可以看出，退市同达的股价自1月开始上涨，在上涨过程中，
成交量一直保持增长态势，说明该阶段该股买方人气非常活跃。

图4-11 两个量坑逐渐走弱

但当股价运行到 6 月下旬时，其成交量开始随着股价的滞涨而萎缩，在 8
月形成量坑 1，说明该阶段市场中的买方人气出现消退。之后股价再次放量上
涨，并创下 24.5 元的高点，但其下方的成交量已经暴露了该股的交易意愿正
在下降。图中量坑 1 之后的成交量虽然也大幅增长，但其成交量的高度已经较
之前股价上涨时变低，且增长的周期也明显变短。

之后，随着股价的再次下跌，其成交量也再次萎缩，形成量坑 2，成交量
再次下滑，股价也明显大幅变低，说明该股的买方人气已经大幅度减弱，后市
人气难聚，所以该股不久便进入长期下跌的走势。

案例 2：海德股份（000567）

再来看一下海德股份（000567）的一段量坑行情的走势，如图 4-12 所示。

从图 4-12 可以看出，海德股份的股价自下跌到低点 2.48 元后开始上涨，
在上涨的过程中，其成交量也随着股价的上涨出现不规则的增加。

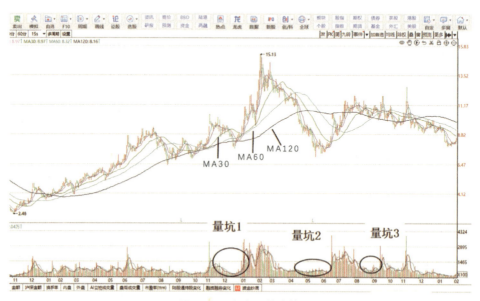

图 4-12　多个量坑走势

当股价运行到前一年的 12 月时，其成交量随着股价的下跌形成第一个量坑（量坑 1），之后股价再次上涨，并且成交量也大幅增加，量峰明显高于之前的成交量。

但当其股价创出 15.13 元的高点后，情况出现了变化，其股价创下高点不久便开始大幅度回撤，并且其下方的量坑（量坑 2）也出现了大幅度的凹陷，且持续的时间达到 3 个月之久，说明在这一段时间内，该股的买方人气基本上没有任何实质性的提升。

此后，我们看到该股再次恢复上涨，但成交量已经大幅萎缩，股价没有创出新高就开始震荡下行，并形成第三个量坑（量坑 3），虽然之后成交量有所增加，也只是维持很短的时间，根本无法持续。

在现实交易中，投资者若遇到量坑一个比一个大，但之后股价增量时出现的量峰却一个比一个低的情况时，应特别留意股价之后的走势，一旦股价跌破 MA60，平仓出局就是最佳的操作策略。

四、判断技巧总结

在现实交易中，利用量坑判断股价的走势变化时，一定要注意以下几点：

1. 量坑出现后，如果其之后股价上涨时的量峰在降低，后市股价随时走低的可能性就会增大。

2. 量坑出现时，如果之后成交量创出新高，但持续的时间却很短，这也是股价随时都有可能逆转的信号。

3. 量坑出现时，如果其之后出现的成交量创了新高，但股价不创新高，这同样是股价即将下跌的信号。

4. 当多个量坑出现时，量坑之后的成交量越少，后市下跌的可能性就越大。

微信扫码添加同花顺陪伴官小顺
获取更多图书增值服务

第五章

同花顺成交量的趋势形态

第一节　价升量增

价升量增形态，指的是股价与成交量同步上升的走势形态，该形态通常出现在股价上涨的过程中，属于行情走强的征兆。

一、形态描述

价升量增形态的特征，是成交量随着股价的上涨而同步上升，我们来看一下案例图示，如图 5-1。

从图示可以看出，古井贡酒（000596）的股价自 10 月 6.05 元低点上涨之后，其成交量也随着股价的上涨而不断增加，最终进入长期上涨趋势，走出一波长期上涨行情。所以，在现实交易中，该信号出现时，投资者可以在股价进入长期上涨趋势的初期，尝试买入股票建仓。

图 5-1　价量齐涨的走势

二、形态含义

价升量增形态出现时，通常都是市场人气开始活跃的信号，该形态的出现，意味着市场中的买方意愿随着股价的上涨而不断提高，属于后市走强的信号。

三、实战案例解析

案例1：金浦钛业（000545）

我们来看一下价升量增形态在金浦钛业交易中的表现情况，如图5-2所示。

从图示中可以看出，金浦钛业的股价经历一番震荡，于1月初开始逐步进入上涨趋势，其成交量也随着股价的上涨价升量增，呈现明显的小幅上涨形态。

之后我们看到，当股价运行到1月底时，其下方的成交量开始逐步萎缩，形成量坑形态。通过前面所学的量坑知识可以判断，虽然该股后续股价还会上涨，虽然其成交量已经出现萎缩，市场买方人气在积聚，所以走势用不了多久

图 5-2　ST 吉药价升量增，后续疲软

还会再次回升。

　　事实上，图中的后市走势，通过价升量增，正确无误地显示出后市强劲的形态。可知，当股价的走势由价升量增转变为价升量缩的形态时（量坑），只是暂时的，前面经历了长期下跌盘整，跌不下去，积累了大量买方力量，等二次和三次价升量增时，投资者遇到此类股价走势形态时，应积极介入。

案例 2：皖能电力（000543）

　　再来看一下皖能电力的一段价量行情走势，如图 5-3 所示。

　　从图示中可以看出，皖能电力的股价走势自 11 月之后，进入长期上涨趋势，其成交量也随着股价的上涨，呈现出价升量增的态势，强势上涨的特征非常明显。

　　之后，当股价运行到次年 6 月前后，行情开始滞涨回落，并于当年的 7 月到 10 月间，形成第一个量坑（量坑 1），说明该阶段市场中的买方人气在大

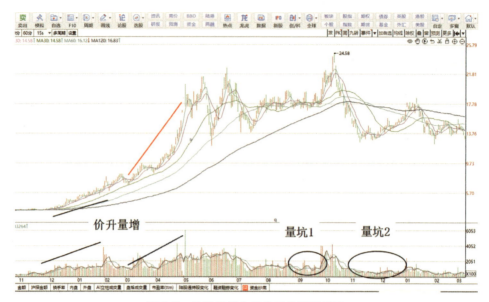

图 5-3　价升量增之后的量坑到顶信号

幅度衰退，后市等待力量的加持。

　　接下来，股价于 10 月有量突破，股价再次上涨，并创下了 24.58 元的高点，其下方成交量再次大幅增加。由于成交量放大的周期较短，根据前面第四章第四节量坑中"量坑出现时，如果其后成交量虽然创出了新高，但持续的时间却很短，这也是股价随时都有可能逆转的标志"的讲述，之后股价步入下跌行情趋势，成交量形成量坑 2，下跌走势也就不言而喻了。

四、判断技巧总结

　　在现实交易中，根据价升量增形态判断股市走势，一定要注意以下几点：

　　1. 价升量增形态应出现在股价上涨的开始或中间阶段。

　　2. 股价走势出现价升量增形态时，一旦成交量出现量峰，市场随时都有可能出现回落。

　　3. 股价在 MA120 下方出现不规则的量堆和量带，当股价上穿 MA120 均线，经过阶段性的回落之后，再次上涨时呈现出价升量增形态时，通常都是行情进入主升浪的信号。

4.价升量增形态出现后，如果股价下跌时出现量堆，并且之后股价上涨时，其成交量的增长幅度或增长周期过小或明显小于之前股价上涨阶段的成交量，也属于后市走势堪忧的风险信号，投资者应提高警惕，并在股价出现不利走势时，及时减仓或转出。

第二节 价跌量增

价跌量增形态的出现，通常预示着市场中有大量的投资者在卖出股票，后市有可能持续下跌，然而，一旦股价企稳不再创出新低，且成交量的增长趋势依旧，则往往是后市见底回升的信号。

一、形态描述

价跌量增，是指股价走势在下跌，但成交量却在不断放大。我们来看一下案例图示，如图5-4。

从图示中可以看出，美的集团（000333）的股价自2022年7月创出61.49元高点后，经历了2个月的震荡走势，当运行到9月中旬时，行情出现了微妙的变化，股价在持续下跌，但成交量却在不断增多，形成价跌量增的形态。

这种情形一直持续到11月初，股价创下40.09元的低点。随后，股价企稳回升，成交量也开始出现大幅度增加，行情进入上涨趋势。所以后阶段是价升量增和双量柱形态。

图 5-4　卖方在出货，价格下跌

二、形态含义

　　价跌量增形态出现时，说明市场中的卖方人气在不断增多，属于市场恐慌情绪蔓延的信号。该形态如果出现在行情的底部区域，通常都是市场即将见底的信号，后市大有可为；如果出现在股价下跌的初期，则通常都是后市持续下跌走势，不要盲目跟进。

三、实战案例解析

案例 1：*ST 中迪（000609）

　　我们来看一下价跌量增形态在现实交易中的表现情况，如图 5-5 所示。

　　从图示中可以看出，*ST 中迪的股价自 2008 年 1 月 76.54 元的高点下跌以来，股价一直处于震荡下跌的走势之中，1—4 月成交量出现萎缩形态，说明当时该股的买方人气大幅下滑。但当行情运行到 4 月中旬时，情况出现了相反

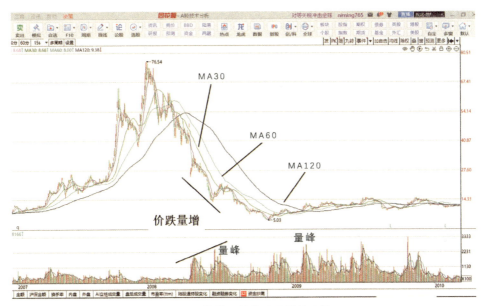

图 5-5 绵世股份价跌量增的走势

的价跌量增变化，随着股价的短暂上涨，成交量也小幅增长。

但之后，我们看到该股股价并未创出新高就开始再度下跌，虽然股价在跌下 MA120 均线时价升量增，并且成交量的量峰也较之前的量峰高，但正如我们在上面的章节中所讲述的那样，即使后面的量峰比之前的量峰高，其股价却没有创新高，就是股价即将下跌的征兆。并且，该图中的股价走势已经运行到 MA120 均线的下方，此处的上涨属于明显的反弹诱多信号。

随后，股价处于下跌的大趋势中，股价达到最低的 5.03 元。后市成交量依然保持了一定的增量，不时有量峰出现，说明该阶段有大量的投资者在趁股票反弹之时卖出股票套现。

案例 2：中油资本（000617）

我们再来看一下中油资本一段行情的走势，如图 5-6 所示。

从图示中可以看出，中油资本的股价自 10 月的高点 62.99 元下跌以来，成交量一直保持增长形态，价跌量增特征非常明显。说明在这个阶段，市场中有

图 5-6　从顶部下降的价跌量增形态

大量的卖方在趁价高时卖出股票，属于一个非常明显的顶部价跌量增形态。

投资者在现实交易中，若遇到此类走势形态时，应注意增强风险意识，如果股价出现价跌量增形态，一旦其股价跌破 MA60 或更高均线，投资者就应该及时减仓或平仓出局，防范风险。

四、判断技巧总结

在现实交易中，通过价跌量增形态判断股价的走势时，应注意以下几点：

1. 价跌量增形态，如果出现在股价大涨之后的顶部下跌阶段，通常预示着此时有大量的买方在趁价高卖出股票，属于主力出货的现象。

2. 价跌量增形态，如果出现在股价大跌之后的底部下跌阶段，通常预示着市场中最后的恐慌盘涌现，市场随时都有可能企稳反转上涨，此时不要急于抛盘。

3. 价跌量增形态出现在熊市末期，股价开始逐步企稳，不再创出新低，这属于市场见底回升的信号，投资者可以待股价上穿 MA30、MA60 或 MA120 均线时择机买入股票建仓。

第三节　价升量缩

与价跌量增形态相反的是价升量缩形态，该形态出现时，通常预示着市场中的买方意愿开始减弱，后市随时有可能反转下跌。

一、形态描述

价升量缩形态通常出现在股价上涨的过程中，该形态的主要特征就是股价在上涨，并创出新高，但成交量却不再增长，反而出现大幅萎缩的形态。

我们来看一下案例图示，如图 5-7 所示。

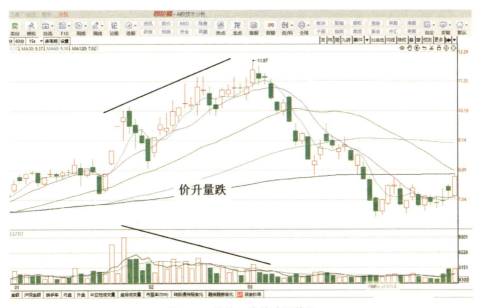

图 5-7　价升量缩的冲顶信号

从图 5-7 可以看出，青岛双星（000599）的股价自 1 月份开始，成交量就随着股价的上涨大幅增加，但当股价创出 11.97 元的高点时，后市成交量却呈现出明显的萎缩，上升过程属于非常标准的价升量缩形态。接下来还可看到，自创下高点之后，股价便开始持续下跌，最终步入长期下跌趋势。

二、形态含义

价升量跌形态出现时，意味着市场中的买方意愿开始低迷，卖方意愿开始萌生，属于行情随时逆转的顶部征兆。投资者在现实交易中，遇到此类走势形态时，应增强风险意识，一旦股价出现逆转迹象，减仓卖出就是最聪明的交易策略。

三、实战案例解析

案例 1：中兴商业（000715）

我们来看一下价升量缩形态在现实交易中的表现情况，如图 5-8 所示。

从图示中可以看出，中兴商业的股价从低点 4.50 元起一直在上涨之中，其成交量一直随着股价的上涨而增加，呈现出价升量增的强势姿态，但当其行情运行到 2007 年 6 月下旬时，情况发生了微妙的变化，其股价在不断上涨，并创出新高，但其成交量却不再增长，而是出现了萎缩，形成价升量缩的背离形态。说明该阶段市场中的买方人气开始减弱，市场中的多头力量后续不济，属于行情见顶的征兆。

事实上，股价在后续创出 18.93 元的高点之后，便匆匆下跌，最终跌破 MA30、MA60 和 MA120 均线，进入长期下跌趋势。

可见，投资者在现实交易中，遇到此类股价走势时，只适宜在股价下跌时卖出股票平仓，而不宜对后市抱有过高的期望，继续持有大量股票。

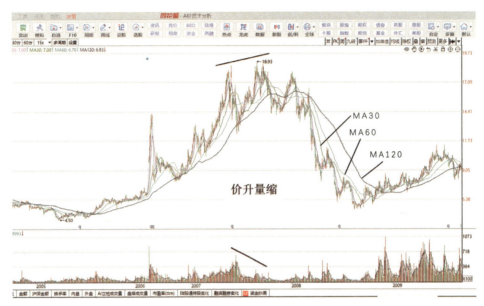

图 5-8　中兴商业价升量缩的走势

案例 2：盛达资源（000603）

我们再来看一下盛达资源一段行情的走势，如图 5-9 所示。

从图示中可以看出，盛达资源在前半段成交量是地量，很微弱，自 2007 年 4 月开始，经过停牌和复牌后，其成交量就随着股价的上涨价升量增，呈现出明显的上涨特征，该股价虽然震荡不稳，但始终处于上升趋势之中，并且成交量也能一波高于一波。

2008—2010 年有长时间停牌当股价运行到 2010 年 2 月，情况出现了变化，股价虽然还在不断向上延伸，但其下方的成交量却出现了不断萎缩的情况，价升量缩形态比较明显。在现实交易中，投资者若遇到此类走势形态时，应特别留意股价的走势变化，如果股价没有逆转下跌则可以继续持有，一旦跌破了MA60，则应及时减仓或出局，规避风险。

图 5-9　盛达资源强劲上升后，价升量缩

四、判断技巧总结

在现实交易中，应用价升量缩形态判断股价的走势时，应注意以下几点：

1. 价跌量缩形态应出现在长期上涨的过程中，有一定的上涨惯性。

2. 价升量缩形态出现后，股价如果不再创出新高，就是行情见顶回落的征兆。

3. 价升量缩形态出现时，如果股价持续上涨，并没有出现较大幅度的下跌，比如只跌破 MA30，则可以继续持有，并在持有的过程中逆势逐渐减仓。

4. 价升量缩形态出现后，一旦股价跌破了 MA120 均线，则是投资者最后的卖出时机，此时投资者只应该平仓出局，而不应该继续持有股票或大量买入股票建仓。

第四节　价跌量缩

　　价跌量缩，属于同步形态，通常出现在下跌趋势中，该形态出现时，通常预示股价已经见顶回落，属于后市看淡的卖出信号。

一、形态描述

　　价跌量缩的形态特征是，股价处于下跌走势中，成交量也顺应股价的下跌而收缩。我们来看一下案例图示，如图 5–10。

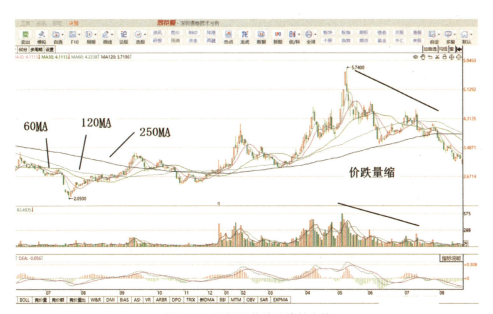

图 5-10　国恒退价跌量缩的走势

从图示中可以看出，国恒退（000594，已退市）的股价前阶段自 1.31 元低点上涨以来，一直处于价升量增的强势行情中。当股价运行到次年 5 月中旬时，有一个量堆增长后，股价也上升到阶段性顶部，行情开始逆转下跌，其成交量也顺应股价的走势价跌量缩，形成一波幅度较大的回撤。

二、形态含义

价跌量缩形态出现时，说明市场中的买方人气正在消退，卖方人气开始萌生，属于行情走势正在变弱的信号。该形态出现时，后市阶段性下跌的概率较大。

三、实战案例解析

案例 1：航天发展（000547）

我们来看一下价跌量缩形态在现实交易中的表现情况，如图 5-11 所示。

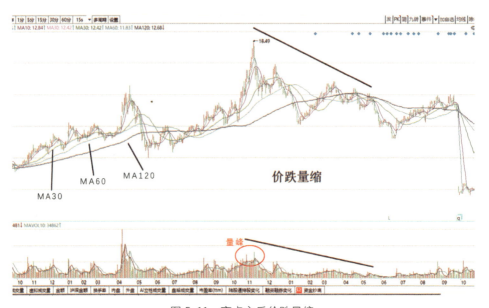

图 5-11　高点之后价跌量缩

从图示中可以看出，航天发展的股价自 11 月创下 18.49 元的高点之后，就开始大幅度震荡下跌，股价走势波动很大。但是，无论其怎样的价格波动，从其下方的成交量指标中，还是可以清楚地看到其走势变弱的迹象，成交量在萎缩。

从其下方的成交量指标中可以看出，该股的成交量自 11 月开始形成量峰，之后便随着股价的下跌出现明显的萎缩，价跌量缩形态已经非常清楚地提示该股上涨的动力已经变弱，市场正处于空头行情中。投资者遇到这样的行情走势形态时，只宜高点卖出股票规避风险，而不宜在行情反弹的过程中追高买入股票建仓。

此可见，价跌量缩形态，通常是市场买方人气正在变弱的下跌征兆，大趋势向下，该形态出现时，后市持续下跌概率较大。

案例 2：锌业股份（000751）

再来看一下锌业股份一段行情的走势，如图 5-12 所示。

图 5-12　持续增量冲顶后的价跌量缩

从图示中可以看出，锌业股份的股价自 2007 年初开始，一直处于价升量增的强势上涨行情，但当股价创出 27.65 元的高点之后，行情开始快速逆转下行，呈现出价跌量缩的形态。这说明，该阶段市场中买方人气正在消退，卖方人气开始萌生。股价见顶回落迹象明显，属于后市看跌的卖出信号。

当投资者在现实交易中遇到此类走势形态时，只宜逐步卖出股票，而不宜大量买入股票。

四、判断技巧总结

在现实交易中，要通过价跌量缩形态判断股价走势时，一定要注意以下几点：

1. 价跌量缩形态应该出现在股价大幅上涨的顶部区域和下跌阶段。

2. 价跌量缩形态出现时，其成交量萎缩的幅度越大，持续的时间越长，市场人气越低迷，后市下跌的概率越大。

3. 当价跌量缩形态出现时，股价一旦跌破 MA30、MA60 和 MA120 均线，通常意味着股价已经进入熊市，后市出现长期下跌的概率较大，容易套牢。

4. 当价跌量缩形态出现时，股价跌幅越大，后市持续下跌的可能性越高。

第五节　价升量平

价升量平形态，其实属于一种量带形态，该形态出现时，意味着市场中的买方人气旺盛，有着稳定持续的购买力，属于一种强势形态。

一、形态描述

价升量平形态的基本特征是，股价在上涨，但成交量却保持着基本稳定的放量形态。我们来看一下案例图示，如图5-13。

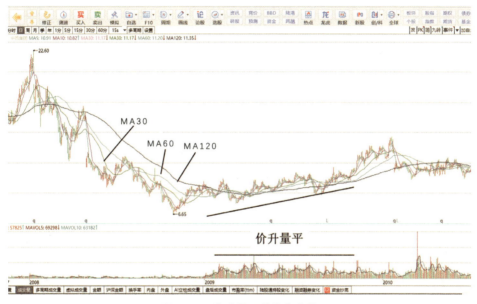

图 5-13　价升量平的稳定走势

从上面的图示中可以看出，中百集团（000759）的股价走势自2008年11月创下6.06元的低点开始，便一直处于震荡上涨的行情走势中。从其下方的成交量指标可以看出，自2009年2月开始，其股价开始逐步上涨，持续了一年之久；其成交量属于稳定增加，尽管价格有震荡，但总体上是明显的价升量平的形态，属于一段强势上涨的行情，适宜提前买入。

二、形态含义

价升量平形态出现时，说明市场中的买方人气相对平稳，市场主动权完全掌握在市场买方主力的掌控之下，股价突然下跌的可能性较小。

三、实战案例解析

案例1：中航西飞（000768）

我们来看一下价跌量平形态在具体交易中的表现情况，如图 5-14 所示。

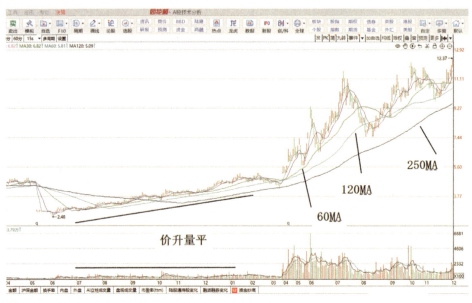

图 5-14　价升量平持续上涨势头

从上面的图示中可以看出，中航西飞的股价在最前端的低点创下 2.48 元低价，逐步企稳，其成交量一直处于平稳且有增长的过程中。当行情运行到次年 3 月底，该股的股价走势开始出现飞跃性的变化，股价随着成交量的大幅增长强势上扬，之后便一直维持在高位，并走出长期上涨行情。

从其下方的成交量指标中，可以看出，该股自 6 月最低价以来，成交量一直平稳且有小幅度增长，而其股价则呈缓慢上涨态势，比较平稳，没有急剧拉升这势，是典型的价升量平形态。从均线上来看，越往后走，股价位于三条均线上方。此时要等一个回调的机会，才会启动强势上涨态势。后市从次年 4 月开启的大涨，也验证了这点。

最后，当股价上穿 MA30、MA60 均线，进入长期上涨趋势后，如果其下方的成交量与股价的走势形成量价齐升时，通常意味着股价后市持续上涨的概率较大，投资者应继续持有或增持该股票。

案例 2：一汽解放（000800）

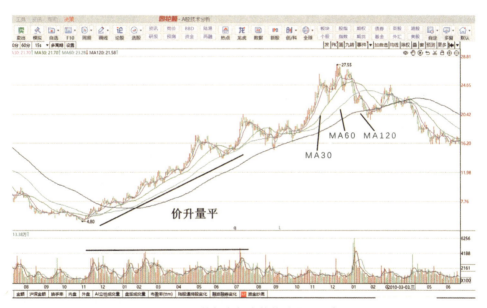

图 5-15　从低点起步的价升量平形态

我们再来看一汽解放一段行情的走势，如图 5-15 所示。

从上面的图示中可以看出，一汽轿车的股价自 11 月的低点 4.80 元上涨之后，便一直处于价升量平的行情之中，后面成交量稳定，股价强势形态非常明显。

在这里，我们要说明一点，价升量平形态属于一种量带形态，该形态的出现，说明市场中的买方人气非常稳定，属于投资者的持有和买入阶段。

四、判断技巧总结

在现实交易中，要根据价升量平形态判断股价的走势，一定要注意以下几点：

1. 价升量平形态，如果出现在底部区域，并伴随着股价上穿 MA30、MA60 和 MA120 均线进入长期上涨趋势时，一旦成交量萎缩，后市股价回撤的概率就会增大。

2. 价升量平形态出现在 MA120 均线上方时，通常预示着当下的股价走势属于行情上涨的主升阶段，应耐心地持有股票待涨。

3. 价升量平形态出现在 MA120 均线上方的高位区域时，股价经过价升量平形态上涨之后，一旦成交量出现萎缩，股价不再创出新高，就是行情见顶回落的标志，此时要注意风险。

第六节　价跌量平

价跌量平形态属于一种缩量形态，该形态通常出现在股价下跌阶段，意味着市场中的买方人气持续萎缩，属于后市长期看淡的信号。

一、形态描述

价跌量平的基本形态特征是：股价在持续下跌，但成交量却保持基本不变的萎缩形态。我们来看一下案例图示，如图 5-16 所示。

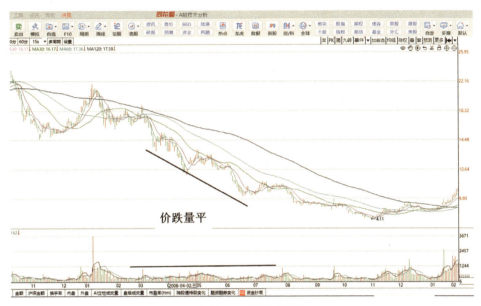

图 5-16　价跌量平形态

从上面的图示中可以看出，云内动力（000903）自 8 月创下左侧高点后，就开始大幅回落，成交量也出现同步萎缩，股价于次年 1 月出现一根天量，拉升了一把，经过一轮反弹后，后面就处于下跌的走势之中。

此时，我们通过其下方的成交量指标可以看出，随着股价的下跌，下面成交量却并没有多大的变化，始终在地量区域小幅度起伏，属于典型的弱势形态。

成交量上没有突破，之后股价持续下跌，并创下 4.11 元的低点，也就很容易理解了。

二、形态含义

价跌量平形态出现时，意味着市场中的买方人气非常薄弱，没有格外的买方进入市场，出现此类股价走势形态时，通常预示着股价持续下跌的概率正在增大。

三、实战案例解析

案例 1：海南高速（000886）

我们来看一下价跌量平形态在现实交易中的表现情况，如图 5-17 所示。

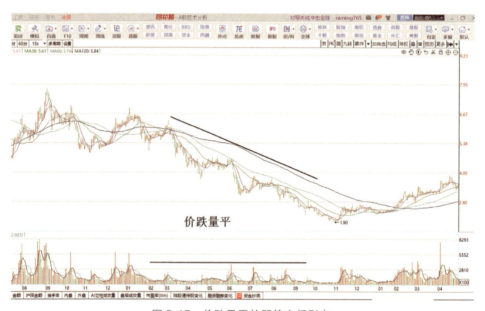

图 5-17　价跌量平的弱势走低形态

从上面的图示中可以看出，海南高速的股价自 1 月的高点下跌以来，成交量一直呈现出缩量形态，虽然股价在下跌过程中出现过阶段性的反弹，成交量也有所放大出现小量峰，但最终依然趋于平淡，保持了原先的缩量态势，整体形成价跌量平的弱势形态，跌至 1.90 元。

可见，当股价走势出现价跌量平形态时，即使行情在下跌过程中出现阶段性的反弹，并且成交量也大幅增加，但由于其维持的时间较短，一旦股价随着成交量的萎缩再次下跌，后市再创新低的概率就会加大。

案例 2：启迪环境（000826）

再来看一下启迪环境一段行情的走势，如图 5-18 所示。

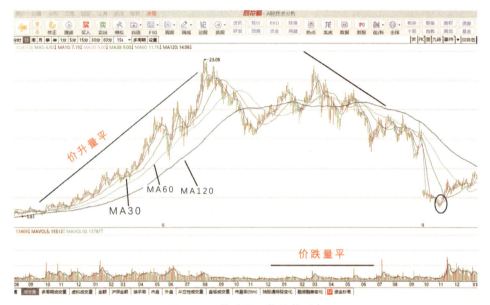

图 5-18　价跌量平的震荡形态

从上面的图示中可以看出，启迪环境（000826）的股价自 8 月 5.61 元低点拉升后，走势进入量平价升区域，之后股价创出 23.08 元的阶段性高点，但其下方的成交量却没有多大变化，说明市场中的买方人气极度低迷。

经历次年 3 月高点之后，我们看到启迪环境的股价再度下跌，并最终下穿 MA120，进入长期下跌趋势。

在该股下跌的过程中我们可以发现，该股虽然出现了几次幅度较大的反弹，但其成交量却并没有实质性的变化，即便是偶然的一两根天量，也只维持了一小段时间，后续力量不足以支撑股价上涨，反而走到了最低点。

所以，在现实交易中遇到这样的行情形态时，投资者应耐心地持币等待，不要轻易在下跌反弹时追高买入，否则很容易在阶段性的高点套牢。

四、判断技巧总结

在现实交易中，通过价跌量平形态判断股价走势时，一定要注意以下几点：

1. 价跌量平形态，如果出现在股价的长期高位，通常都是股价见顶回落的标志。

2. 价跌量平形态如果在股价跌破 MA120 均线之后出现，意味着市场将长期出现低迷走势。

3. 价跌量平形态出现在 MA120 均线下方时，如果出现突然的大幅放量，但其持续的周期又非常短，这通常都是主力故造声势的诱多行为，投资者不应追高买入。

4. 价跌量平形态出现在股价长期下跌的过程中，一旦出现量堆、量带，并伴随着股价的上涨不再创出新低，通常都是股价见底回升的信号。

微信扫码添加同花顺陪伴官小顺
获取更多图书增值服务

第六章

同花顺成交量的区域形态

第一节 顶部量

顶部量，是指股价在形成顶部阶段所出现的成交量形态，该形态出现时，说明股价走势已经处于顶部高风险阶段，投资者宜及时减仓出局，卖出股票。

一、形态描述

顶部量的形态特征，股价自高点回撤之后，再次上涨，却不创新高，就再次下跌，并且其下方的成交量也明显较之前创出新高阶段大幅萎缩。

我们来看一下案例图示，如图6-1。

从图示中可以看出，峨眉山A（000888）的股价在创出新高18.98元时，其下方的成交量（第一个黑框）已经较之前的成交量有了大幅度的萎缩，呈现出明显的价升量缩的顶部形态。之后我们看到，峨眉山A的股价自高点回撤之后，在阶段性底部再次上涨，但成交量（第二个黑框）已经大不如前了，无法推动股价再创新高。所以，随着成交量的继续萎缩，股价上攻无力，没过多久便再度下跌，步入长期下跌趋势中。

图 6-1　顶部量变为成交量收缩形态

二、形态含义

当行情中出现顶部量形态时，意味着市场中的买方人气开始消退，属于行情见顶回落的风险信号，此时只适宜卖出股票规避风险，而不宜买入股票持股待涨。

三、实战案例解析

案例 1：秦川机床（000837）

我们来看一下回撤量形态在现实交易中的表现情况，如图 6-2 所示。

从图示中可以看出，秦川机床自左侧 3—6 月一直处于上涨阶段，该阶段呈现出明显的价升量增强势形态。但当股价运行到 6 月后，成交量开始随着股价的回撤大幅萎缩，形成量坑（7 月）形态。虽然之后股价再次上涨，并创出 19.94 元的高点，观察其下方的成交量就可发现，该股此时已经形成价升量缩

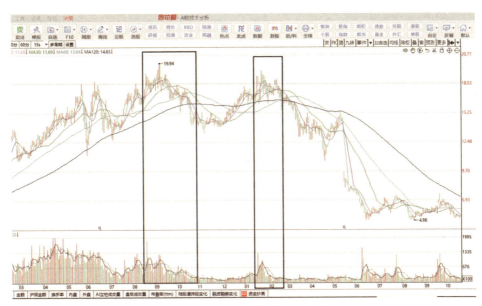

图 6-2　顶部量随着成交量衰减

的顶部形态。

　　之后，行情于 9 月前后再次回撤，随后又企稳回升，但并没有创出新高（第二个黑框），反而再度下跌。其下方的成交量也大幅度萎缩，明显比之前创新高时少了很多，顶部形态特别明显。所以，此后股价出现连续下跌至 4.98 元，其道理也就不言自明了。

案例 2：五粮液（000858）

　　我们再来看一下五粮液一段行情的走势，如图 6-3 所示。

　　从图示中可以看出，五粮液的股价一直处于长期上涨趋势中，前半段成交量也随着股价的上涨价升量增。当行情运行到 6 月前后时，股价开始由价升量增形态转变为价升量缩形态，呈现出与股价明显背离的形态。当股价创下357.19 元的高点（第一个黑框）时，其成交量已经出现萎缩，顶部特征非常明显。随后行情大幅回撤，成交量再次萎缩，虽然后面能再次上涨，但并未创出新高就迅速下跌，并且其下方的成交量也再度呈现出大幅萎缩形态，顶部量特

图 6-3　顶部量的冲高回落，成交衰减

征就是快速出局的信号。

在现实交易中，若遇到此类股价走势，投资者应增强风险意识，在顶部量应及时了结，而不宜大量持有股票待涨。

四、判断技巧总结

在现实交易中，要根据顶部量形态判断行情的走势，一定要注意以下几点：

1. 顶部量应出现在长期上涨行情的高位，体现出顶部特征。

2. 顶部量形态应该在顶部最高点回撤阶段呈现出缩量的形态，并且之后股价反弹阶段的成交量，少于高点形成时的成交量，大概率会导致股价下跌。

3. 顶部量形态形成后，股价一旦跌破 MA120 均线，则后市进入长期下跌趋势的概率就会增大。

4. 顶部量形态出现时，如果之后再次出现价跌量缩形态，并且缩量的幅度很大，则后市长期下跌的概率会进一步加大。

5.顶部量出现时，如果之前股价出现价升量缩形态，该顶部形成的可靠性也会加大。

第二节　底部量

底部量，顾名思义是指股价底部的成交量形态，该形态出现时，意味着股价走势已经处于底部阶段，属于后市看多的积极信号。

一、形态描述

底部量形态与顶部量形态恰恰相反，底部量形态的基本特征为：成交量随着底部的企稳回升而出现不规则的增加，呈现出价升量增的强势特征。

我们来看一下案例图示，如图6-4。

图6-4　底部量有成交量支持看涨

从图示中可以看出，现代投资（000900）的股价自 11 月创下 11.41 元的低点之后，成交量开始随着股价的上涨价升量增（第一个黑框），形成一个小型量堆。随后，股价走势开始回撤，并于次年 1 月开始再次上涨（第二个黑框），成交量也明显增加，其幅度大于之前第一个黑框中的成交量。接下来，又在次年 3 月，该股股价开始了第三次回撤（第三个黑框），但很快就止跌回升，股价上穿了 MA120 均线，进入长期上涨趋势，成交量也再次放大，三次上涨底部特征非常明显。

二、形态含义

底部量形态出现时，股价通常会随着成交量的增加而上涨，意味着市场中的买方人气开始萌生，空方人气开始出现消退的信号。

三、实战案例解析

案例 1：赣能股份（000899）

我们来看一下底部量形态在现实行情中的走势情况，如图 6-5 所示。

从图示中可以看出，赣能股份的股价自前一年 7 月开始已经见底，出现短暂低价，然后价格回升。从其下方的成交量指标可以看出（第一个黑框），赣能股份的成交量出现明显增长，形成一个小量堆，说明该阶段市场中的买方人气开始凝聚，属于典型的探底回升。

之后，行情在年底再次回落，但并没创出新低，在 12 月止跌回升，其下方的成交量也随着股价的上涨而持续增加。可惜好景长，到当年 3 月股价因除权来到 2.28 元底部，成交量才开始明显回升。随着成交量的不断增加，赣能股份在第二个黑框中上穿 MA60、MA120，进入长期上涨趋势中。

可见，当投资者在现实交易中，遇到底部量形态出现时，通常都是底部即

图 6-5　底部量探底回升的走势

将出现的看多信号，此时投资者可以在股价上穿 MA30 时，尝试买入股票建仓，并在股价上穿 MA120 均线时，加码买入更多股票。

案例 2：法尔胜（000890）

我们再来看一下法尔胜一段行情的走势，如图 6-6 所示。

从图示中可以看出，法尔胜的股价自 8 月前后创下了 2.57 元的低点，之后便价升量增，形成一个量堆形态（第一个黑框），说明该阶段市场中的买方人气开始增加，市场看多意愿较浓厚。

但行情运行到 11 月时，股价开始小幅回撤，成交量也出现萎缩形态，但并没有创出新低，就伴随着成交量的二次放大（第二个黑框），价升量增上穿 MA120 均线，强势特征非常明显。随后，股价便伴随着整体大市的向好，进入长期上涨趋势。

可见，当市场行情由弱转强的时候，通常会出现底部量形态，在现实交易中，投资者要准确辨认股价整体趋势的顶部和底部，必须特别留意行情的顶部

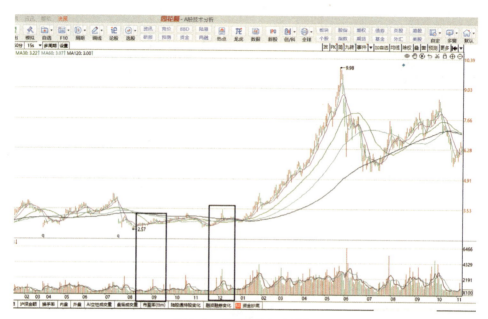

图 6-6　底部量的突破形态

量和底部量形态。

四、判断技巧总结

在现实交易中，投资者在应用底部量形态判断股价后市的涨跌，一定要注意以下几点：

1.底部量形态一定要出现在长期下跌的底部阶段，底部特征明显。

2.底部量形态出现时，股价不能再创新低。

3.底部量形态出现时，成交量宜一个量堆比一个量堆大。

4.底部量形态出现时，如果股价能随着成交量的不断增加上穿MA120均线，通常属于行情进入长期上涨趋势的信号，后市持续上涨的概率较大。

第三节 突破量

突破量形态，是指股价在突破某些重要的均线时，成交量正处于增量过程中或出现增量形态，属于多方力量凝聚，后市持续走高的信号。

一、形态描述

突破量形态的基本特征是，股价随着成交量的增加发力上攻，成功突破 MA30、MA60 或 MA120 均线的股价走势形态。

我们来看一下案例图示，如图 6-7。

图 6-7 底部突破伴随成交量放大后市看涨

从图示中可以看出，大庆华科（000985）自 11 月前后创出 4.25 元的低点后，开始企稳反转，震荡上行，并伴随着成交量的持续增长，顺利突破了 MA120 均线，进入长期上涨趋势之中，最终创下 16.20 元的高点，涨幅达到 300% 以上。

二、形态含义

突破量，也称为均线突破放量，该形态出现时，意味着市场中的买方人气持续增长，推动股价成功突破重要的平均成本关口，属于后市持续看多的强势信号。

三、实战案例解析

案例 1：中弘退（000979，已退市）

我们来看一下突破量形态在现实交易中的表现情况，如图 6-8 所示。

图 6-8 底部突破，量价齐升

从图示中可以看出，中弘退的股价自 11 月创下 2.58 元的低点后，便止跌回升，进入上涨阶段。

从图中我们可以看出（黑框内），当该股在突破 MA60 和 MA120 均线时，成交量明显放大，说明该阶段市场中的买方人气非常强劲。黑框内，虽然股价在上穿 MA60 时，曾出现过回撤现象，但在大量买方人气的推动下，行情很快就再次企稳，并随着成交量的持续增加顺利突破 MA120 均线，进入长期上涨趋势。

可见，当股价在突破 MA30、MA60 和 MA120 均线时，如果出现突破放量的情况，通常都是股价顺利进入上涨趋势的强势形态，属于可以尝试买入股票的积极信号。

案例 2：华工科技（000988）

我们再来看一下华工科技一段行情的走势，如图 6-9 所示。

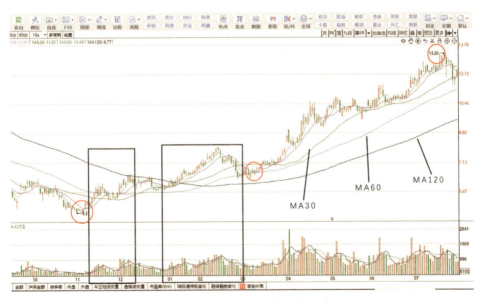

图 6-9　突破量说明买方人气强劲

从图示中可以看出，华工科技的股价自 11 月创下 4.31 元的低点之后（第一个黑框），便开始企稳回升，伴随着成交量的放大，顺利上穿 MA30 和 MA60，形成第一个突破量形态。

之后，股价持续上涨，并于次年 1 月上穿 MA120 均线，成交量依然处于增长态势之中，第二个突破量形态也形成了（第二个黑框）。说明在这两个突破量形成的阶段里，市场中的买方人气在不断增加，卖方人气在不断萎缩，属于后市看多的强势特征，最终强势上涨到 13.26 元。

我们重新回过头来看一下该股的股价走势和突破量形态便可发现，其实，华工科技在形成突破量的阶段，也属于一个价升量增的强势形态，所以股价能持续上涨，其道理也是显而易见的。

四、判断技巧总结

在现实交易中，要根据突破量判断行情的走势变化，投资者一定要注意以下几点：

1. 突破量应该出现在股价突破长期重要均线或重要价格关口时。

2. 突破量出现后，股价不应再创新低。

3. 突破量出现后，如果股价出现了回撤走势，之后能在短期内恢复涨势，并创出新高，且成交量再次放大，后市持续强势的概率较大。

4. 突破量出现时，成交量应呈现价升量增形态。

第四节　回撤量

回撤量属于一种短期弱势形态，通常出现在长期上涨的过程中。该形态出现时，意味着行情暂时处于弱势阶段，后市走势有待观察。

一、形态描述

回撤量的基本形态是，股价在长期上涨过程中滞涨回落，并且成交量也出现明显萎缩。我们来看一下案例图示，如图 6-10 所示。

图 6-10　回撤量形态

从图示中可以看出，智慧农业（000816）的股价自 11 月的 2.02 元低价上涨以来，一直处于价升量平的强势形态中，于次年 1 月上穿 MA120 均线（第一个黑框），进入长期上涨趋势。

但当行情运行到 2 月底 3 月初时（第二黑框中），股价开始大幅回撤，并且成交量也顺应股价的下跌出现萎缩，回撤缩量的特征特别明显。

现实交易中，这样的走势形态通常都是主力洗盘时的一个技术动作，后面会有专门的章节进一步讲述，在这里先有一个初步的认识就好。

二、形态含义

回撤量形态出现时，说明该股出现超买，很多获利盘正在卖出股票套现，行情处于阶段性低迷中，如果之后股价能在 MA120 均线上方及时企稳，并再次放量上涨，通常都是行情即将进入主升阶段的征兆。

三、实战案例解析

案例1：陕西金叶（000812）

我们来看一下回撤量形态在现实交易中的表现情况，如图 6-11 所示。

图 6-11　回撤量是短期出货信号

从图示中可以看出，陕西金叶的股价自 1 月经过一波上涨之后，股价出现一波 IH 幅度的回撤（黑框中），并且成交量也随着股价的回撤逐步萎缩，形成明显的回撤量形态，说明该阶段有投资者在择机卖出股票获利。

在现实交易中，若行情走势出现这样的形态，通常都是行情超买，市场正在消化短期获利盘的回撤阶段，如果股价能在MA120均线之上企稳回升，并伴随着价升量增形态的出现，还有多个量峰，这通常都是行情即将再次走强，进入主升阶段的看多信号。

案例2：创维数字（000810）

我们再来看一下创维数字一段行情的走势，如图6-12所示。

图 6-12

从图示中可以看出，创维数字的股价走势自2.60元低点进入长期上涨趋势后，于当年11—12月、1—3月两个时间段（两个黑框），曾出现两次回调走势，但随后股价在成交量的配合下再次上涨，穿越MA60，实现价量齐升。

可见，在现实交易中，投资者在遇到此类行情形态时，当前股价回撤企稳后，再次放量上涨时，可以尝试择机买入股票建仓。

四、判断技巧总结

在现实交易中，投资者在根据回撤量进行行情判断时，一定要注意以下几点：

1.回撤量应出现在长期上涨趋势中，即股价只有在 MA120 均线上方回撤时出现的缩量形态，才属于回撤量形态。

2.回撤量形态出现时，股价不宜跌破 MA120 均线，如果跌破了，能在短期内（一个月内）重新返回 MA120 均线上方，该形态依然有效。

3.回撤量形态出现时，股价再次上涨，应该配合价升量增形态，并创出新高。

4.回撤量形态出现时，其之前股价上涨时的成交量应呈放大态势，以大量堆和量带为佳，这样的形态可以提升股价在回撤量出现后的上涨概率。

微信扫码添加同花顺陪伴官小顺
获取更多图书增值服务

第七章

主力建仓成交量形态

在前面几章中，我们已经就成交量的各种形态和变化作了详尽的阐述。现实中由于各种不同形态成交量的变化，往往都与主力进出有必然的联系。在本章中，我们要讲述主力在建仓过程中成交量所发生的不同变化。

第一节　小幅增量

小幅增量是指成交量小幅上涨，由少到多，逐步增加，这通常都是主力在尝试性地买入股票的建仓信号。

一、形态描述

小幅增量的基本特征是，成交量由低迷阶段小幅度地上涨（大多数会以小型量堆和量带的形态出现），并且，这种形态通常出现在底部区域附近。

我们来看一下案例图示，如图 7-1。

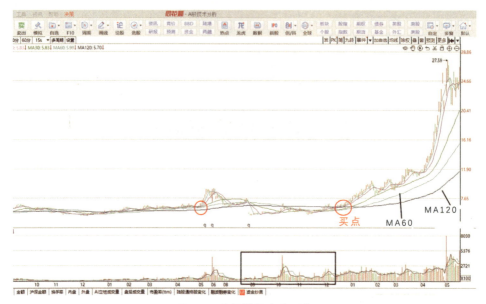

图 7-1　小幅增量企稳形态

从上面的图示中可以看出，大众交通（600611）的股价一直处于震荡横盘阶段，并且成交量也随着股价下跌呈现地量形态；直到黑框中成交量小幅上升，行情才企稳回升。

此时，我们来看一下其下方的成交量就可发现主力进货的具体时机。虽然股价是从 7 月前后（黑框）止跌企稳的，但成交量却是从 5 月开始小幅增加的。这说明，主力是从这个时间段开始尝试买入的。所以，投资者在现实交易中，应特别留意那些成交量从地量开始小幅增加的股票，是主力在潜伏建仓。

二、形态含义

小幅增量形态的出现，通常意味着主力开始尝试入场，属于长期上涨行情初露端倪的信号；该信号出现后，如果股价能顺利上穿 MA120 均线，就是股价将持续上涨的长期看多信号。

三、实战案例解析

案例 1：国新能源（600617）

我们来看一下小幅增量形态在现实交易中的表现情况，如图 7-2 所示。

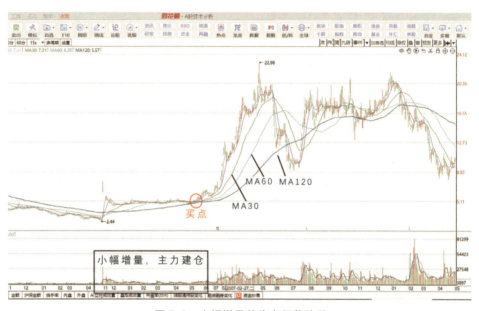

图 7-2　小幅增量的稳定积蓄阶段

从上面的图示中可以看出，国新能源的股价自 11 月以前，一直处于下跌走势之中，成交量也明显处于地量阶段。当股价创出 2.44 元的低点，伴随着该股重新复牌上市，在复牌当日，该股的成交量出现了单量柱巨量形态，说明当日有大量的买卖盘出现。但这种情况仅仅持续了一个交易日，随后成交量就开始逐步萎缩，呈现出小幅增加的形态，直到股价运行到次年 5 月，该股再次复牌时，成交量才大幅增加，出现量堆和量峰，推动了股价快速上涨，进入主升阶段。

可见，在现实交易中，投资者如果遇到成交量在股价低点之前的小幅增加，要等待企稳回升，这通常都是行情见底回升，主力尝试入局的信号。

案例2：老凤祥（600612）

我们再来看一下老凤祥一段行情的走势，如图7-3所示。

图7-3　以卖单为主的小幅增量导致股价下跌

从上面的图示中可以看出，老凤祥的股价自11月最低点之前一直处于下跌过程中。在当股价运行至8月中旬时，其下方的成交量开始逐渐增多，形成一个小幅增量的小型量堆，属于价跌量升的形态，所以不能立即确定此时就是主力买入的信号。当该股创下5.57元的低点企稳，并随着成交量的不断增加上穿MA60均线时再次确认，并伴随成交量巨幅拉升的量堆形态，其实属于主力入局看多的积极信号。

可见，成交量小幅增加时，并不能立刻判断此时是不是主力入市的信号，而要观察之后股价的走势，等见底回升来进一步确定。

四、判断技巧总结

在现实交易中，根据小幅缩量形态判断行情走势时，一定要注意以下几点：

1. 小幅增量形态出现后，成交量应随着股价的企稳而逐步增多。

2. 小幅增量形态出现后，如果行情还在下跌，当股价创出低点回升时，成交量应伴随着股价的回升大幅增量，即低点后回升的成交量应明显多于小幅增量区域的成交量。

3. 小幅增量形态出现后，股价若伴随着成交量的持续增加上穿 MA60 和 MA120 均线，该股后市上涨的概率较大。

4. 小幅增量形态出现时，股价在低点后企稳回升，若伴随着大型量带和量堆上穿 MA120 均线，该股后市大幅上涨的概率较大。

第二节　大幅增量

与小幅增量形态相对应的，就是大幅增量形态，该形态出现时，意味着市场主力对后市坚定看多，敢于大胆建仓，属于行情走强的信号。

一、形态描述

大幅增量形态的基本特征是，成交量随着股价的上涨大幅增加。我们来看一下案例图示，如图 7-4 所示。

从图示中可以看出，华谊集团（600623）的股价自 8 月（黑框）之前属于明显的小幅增量形态，很有规律。但当行情运行到 8 月中旬时，股价开始伴随着成交量的大幅增加而快速上涨，说明主力在该阶段通过快速拉升股价的方法

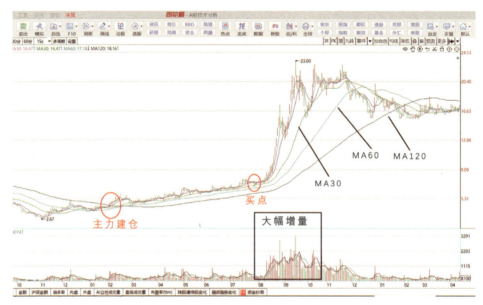

图 7-4　大幅增量拉长信号

把股价做高，以求留出足够的出货空间高位出货。大幅增量形态的力量可见一斑，要注意量峰后面的缩量和见顶信号。

二、形态含义

大幅增量形态出现时，意味着股价正处于大幅上升阶段，若该形态出现在 MA120 均线下方或伴随着股价上穿 MA120 均线，属于主力大量买入的信号。若出现在 MA120 均线上方上涨过程中，则属于主力拉升股价的主要阶段。

三、实战案例解析

案例 1：光大嘉宝（600622）

我们来看一下大幅增量形态在现实交易中的表现情况，如图 7-5 所示。

图 7-5　价跌量增，筑底阶段

　　从图示前半段看出,光大嘉宝的股价自左侧3月跌到当年11月低点3.21元,一直处于价跌量平的弱势下跌走势之中。当股价运行到次年4月时,其成交量开始逐步增加,说明该阶段已经有多方在大胆买入。之后,伴随着成交量的进一步增加,5月的股价与成交量的走势明显背离,形成价跌量增形态（第二个黑框）。说明该阶段,虽然股价出现下跌,但主力还是在坚定不移地大量买入股票建仓。直到8月底,行情终于由弱势下跌形态转变为强势上涨形态,形成一个大幅增量的量带形态,最终上涨到16.10元。

案例2：华鑫股份（600621）

　　我们再来看一下华鑫股份一段行情的走势,如图7-6所示。

　　从图示中可以看出,华鑫股份的股价走势,前半段自3月以来一直处于下跌过程中,其成交量也伴随着股价的下跌大幅萎缩,形成明显的地量形态,说明该阶段市场买方人气低迷。

图 7-6　大幅增量扭转跌势

　　但当行情运行到黑框左边 8 月初（黑框部分），情况发生了质的转变，股价虽然在下跌，但成交量开始大幅增加，说明该阶段有主力在趁股价低迷时，大举买入。之后，我们看到，随着股价创出 3.78 元的低点，行情开始逐步企稳，并随着成交量的大幅增加，由下跌增量转变为上涨增量，行情由弱变强，进入上涨走势之中。

　　可见，大幅增量形态，如果能出现在行情的底部阶段，并伴随着低点的出现，由下跌增量转变成上涨增量，通常都是行情由弱变强的信号。投资者在现实交易中，遇到此类走势形态时，应在恰当的机会尝试买入股票建仓。

四、判断技巧总结

　　在现实交易中，投资者在根据大幅增量形态判断行情走势时，一定要注意以下几点：

1. 大幅增量形态既可以出现在行情的高位，也可以出现在行情的低位。出现在行情低位时，属于主力建仓的买入信号；出现在行情的高位，属于主力拉高出货的卖出信号。

2. 大幅增量形态出现时，若伴随着股价上穿 MA120 均线，则属于行情持续看涨的积极信号。

3. 大幅增量形态出现时，若伴随着股价由跌转涨的 V 型走势，即，股价由下跌增量形态转变为上涨增量形态，通常都是行情见底回升的买入信号，该信号出现时，后市持续上涨概率较大。

4. 大幅增量形态若出现在高位，并在股价创出最高点后，出现价跌量缩的弱势形态，通常都是行情见顶回落的卖出信号。

第三节　间断增量

间断增量，是指成交量不规则地放大。该形态出现时，通常都是主力周期性、有节奏、间断性的买入信号。

一、形态描述

间断性增量形态最大的特征，是成交量的形态会随着股价的波动起落有致，也可以说，间断增量形态，通常都是一些股价走势波动较大的股票的一个基本特征，如图 7-7 所示。

图 7-7　间断性增量后面迎来继续上涨

从上面的图示中可以看出，申达股份（600626）的股价自 1 月的 2.42 元低点开始逐步回升，在股价回升的过程中，其成交量一直随着股价的波动不规则地增长，形成间断性增量形态，之后三次穿过 MA120，后面进入主升阶段。

随后，随着成交量的持续增长，呈连续增量，尤其是第三个穿越金叉买点股价进入主升阶段，创下 11.50 元的高点。

二、形态含义

间断增量形态的出现，通常意味着有主力在顺应股价的波动起伏大量吸筹，属于股价大涨的前兆，注意在有利回撤点位买入。

三、实战案例解析

案例 1：新世界（600628）

我们来看一下间断增量形态在现实交易中的表现情况，如图 7-8 所示。

图 7-8　间断性量堆是主力吸筹的征兆

从上面的图示中可以看出，新世界的股价前半段一直震荡，到 9 月创出低点后，便伴随着成交量的大幅增加，于 10 月前后上穿了 MA120 均线。

图中，我们看到，股价在上穿 MA120 均线之后，再次出现两次回调，并且，每一次回调结束，成交量都会随着股价的再次回升而出现间断性的增量形态。纵观该股的整段行情，可以发现，该股自股价低点出现之后，到股价上穿 MA120 均线进入长期上涨趋势，曾出现过两次回调，形成 3 个量堆（3 个黑框），并且一个比一个大，呈现出不规则的间断增量形态。说明该阶段主力为了能拥有足够的控制权，正在大量吸筹；之后上穿 MA120 后，股价出现大幅度上涨，并创下 26.62 元的最高点，也就不足为怪了。

可见，在现实交易中，若投资者发现一只股票当其股价已经进入 MA120 均线上方，但其成交量依然顺应股价的上涨呈现出间断放量的形态时，这通常都是主力持续吸筹的征兆，也是该股即将大涨的标志。这样的股票是投资者重点关注的对象。

案例2: 浦东金桥（600639）

我们再来看一下浦东金桥一段行情的走势，如图 7-9 所示。

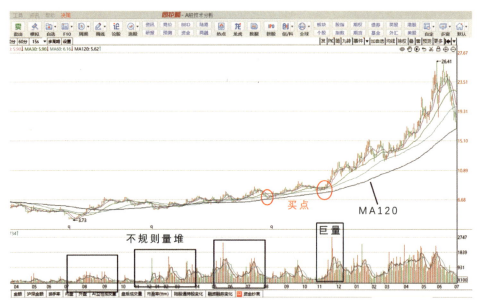

图 7-9　不间断增量借助堆量促成股价上升

从上面的图示中可以看出，浦东金桥的股价 7 月之前一直处于下跌走势之中；但从其下方的成交量可以看出，该股的成交量前半段出现了不规则的放大，当股价运行到 7 月创出 3.73 元低点时，后续企稳呈现不规则的放量，形成三个小型量堆，说明该阶段有主力在趁着股价低迷时买入股票建仓。此后，11 月，该股借着一根巨量，股价顺利上穿 MA120 均线，进入长期上涨趋势，进一步确认了主力的入货行为。

可见，当个股在低点区域形成间断增量形态时，通常都是行情见底的信号，如果之后，股价的走势能顺利上穿 MA120 均线，便进一步确认了在间断增量阶段主力的入货行为。

投资者在现实交易中，遇到此类形态时，应注意将该形态与 MA120 均线相互结合，综合判断；因为如果没有之后的股价上涨来确认之前出现的间断增量形态，那么间断增量形态也有可能是主力出货的信号，还记得上面我们所讲述的下跌增量形态吗？

所以，投资者在运用该形态判断行情走势时，一定不要仅凭成交量的间断增量，就武断地判断行情即将上涨，这样的判断胜算较低。

四、判断技巧总结

在现实交易中，根据间断增量形态判断行情走势时，投资者一定要注意以下几点：

1.间断增量形态出现阶段,如果股价能在此阶段之后顺利上穿MA120均线，说明做底成功，之前的间断增量形态，属于主力买入的信号。

2.间断增量形态如果出现在股价上穿 MA120 均线之后，且成交量的增幅一波大于一波，这通常是后市即将大涨的信号，此类股票可重点关注。

3.间断增量形态既可以由多个量堆组成，也可以由量堆和量带组成。

4.间断增量形态应由多于 3 个以上的量堆或量带组成。

5. 当行情在底部区域出现间断增量形态时，不能立即确认股价能否上涨，只有股价向上突破 MA120 均线之后，才能确认。

第四节　持续增量

持续增量形态，是指成交量在持续不断地增加，或成交量增量之后持续不变的一种增量形态，该形态出现时，说明市场多方人气持续增加，属于后市看多的积极信号。

一、形态描述

持续增量形态的基本特征是，成交量始终保持持续增长的增量态势。我们来看一下案例图示，如图 7-10。

图 7-10　持续增量带来的强劲涨势

从上面的图示中可以看出，城投控股（600649）的股价前面一直处于水平震荡，11 月（黑框）的成交量始终随着股价的上涨持续增量，形成长期价升量增的强势形态，一直持续上涨，直到高点 22.08 元。

二、形态含义

持续增量形态出现时，说明该股正处于强势上涨的过程中，属于后市持续上涨的看多信号。该形态若出现在 MA120 均线上方，通常都是股价进入主升行情的强势阶段。

三、实战案例解析

案例1：退市同达（600647）

我们来看一下持续增量形态在现实交易中的表现情况，如图 7-11 所示。

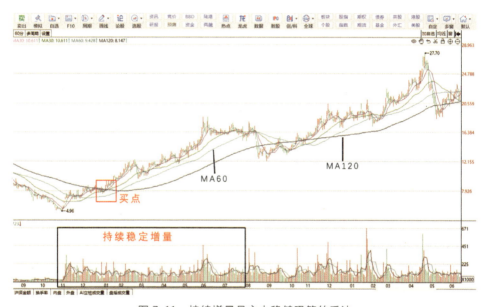

图 7-11 持续增量是主力稳健吸筹的手法

从上面的图示中可以看出，退市同达的股价前面一直在下行走势中，成交量明显萎缩，属于地量阶段。当股价在 10 月底创下 4.96 元的低点后，行情开始逐步企稳，并上穿 MA120 均线，进入长期上涨趋势。

此时，我们来看一下其下方的成交量便可发现，该股自低点回升之后，成交量一直伴随着放大的形态持续运行，无论股价波动多大，其成交量的增长幅度都比较均匀，属于一个非常标准的量带。说明在该阶段，主力正在以一种非常稳健的手法收集筹码。这种情况一直保持了 1 年半，中间虽有回调，随着成交量大幅增加，股价创下 27.70 元高点后，才逐渐结束。

在现实交易中，投资者若遇到成交量自低点开始持续增量的股票时，一旦其股价随着成交量的持续增加顺利上穿 MA60 和 MA120 均线时，通常都是后市持续增长的看多信号，投资者可以在此时尝试买入股票建仓。

案例2：中源协和（600645）

我们再来看一下中源协和一段行情的走势，如图 7-12 所示。

图 7-12　持续增量属于一种价升量增形态

从上面的图示中可以看出，中源协和股价黑框前面是一个地量，自 11 月的低点 3.30 元上涨以来，其下方的成交量一直随着股价的上涨保持持续增量形态，直到股价上穿 MA120 均线来到阶段性新高（黑框中）。说明该阶段，有主力在顺应股价的上涨持续不断买入股票建仓。之后，股价经过一轮大周期的回撤，卖方在高位出货，挤干泡沫；然后买方进入再次上涨，进入主升阶段（实际上，该股在这轮回撤后创下 13.39 元的新高点）。

从图中我们可以看出，这种持续增量形态其实也属于一种价升量增形态，说明市场中的买方人气在持续不断地增加，属于非常典型的强势特征。

在现实交易中，投资者若遇到此类股价走势时，可以顺应股价的走势适量建仓，此时没有买入股票的投资者，也可在股价上穿 MA120 均线之后，回撤结束时再度放量上涨的第二阶段买入股票。

四、判断技巧总结

在现实交易中，根据持续增量形态判断行情走势时，投资者一定要注意以下几点：

1. 持续增量形态在 MA120 均线下方伴随着股价的企稳出现时，说明该阶段是主力尝试买入的初始建仓阶段，可以适当关注该股，或少量买入股票建仓。

2. 持续增量形态若出现在股价上穿 MA120 均线之后的回撤上涨阶段（即股价在 MA120 均线上方回撤之后的再度上涨），则属于行情进入主升阶段的强势信号。

3. 持续增量形态出现时，若股价不断上涨，成交量始终保持稳定不变的持续增量形态，一旦股价上穿 MA120 均线，后市持续上涨的概率较大。

4. 持续增量形态出现后，若股价已经处于高位，一旦股价和成交量不创新高，并且之后出现价跌量缩的弱势形态，这往往都是主力出货的顶部阶段，后市见顶回落的概率较大。

第五节　二次起量

二次起量，是指股价在上涨初期出现一个阶段的大幅度放量上涨之后，行情没有持续上涨，而是出现明显回撤，但没过多久便再次放量上涨的一种行情走势形态。

一、形态描述

二次起量形态的基本特征是，成交量在股价刚刚上穿 MA120 均线时放量一次（可以是量堆，也可以是量带），然后在 MA120 均线上方经过一段时间的回撤后再次放量一次的走势形态。

我们来看一下案例图示，如图 7-13。

图 7-13　二次起量形态

从上面的图示中可以看出，退市刚泰（600687）的股价从前面 4 月开始出现了一个非常明显的量堆，股价上涨幅度较小。之后，股价在运行到 7 月下旬时开始回撤，并且成交量也出现了明显的萎缩，这种情况一直持续到次年 1 月。随着股价的再次走强，成交量也开始再次放大（第二个框），形成二次放量形态。此后，行情便持续强势，进入长期上涨趋势之中。

二、形态含义

二次放量形态出现时，说明该阶段主力正在趁着市场人气活跃的良机拉升股价，属于股价即将进入主升阶段的看多信号；该形态出现时，后市持续上涨再创新高的概率较大。

三、实战案例解析

案例1：中船防务（600685）

我们来看一下二次起量形态在现实交易中的表现情况，如图 7-14 所示。

图 7-14　两次起量，突破 MA120 迎来大涨

从上面的图示中可以看出，中船防务的股价自低点 2.21 元上涨以来，于当年 8 月份上触 MA120 均线，但一直在此均线上下小幅波动，9 月后反而缩量，直到次年 1 月才成功突破 MA120 均线，进入长期上涨趋势。

从其下面的成交量指标中可以看出，该股在第一次放量的 6 月，成交量就出现小幅度增长，到了 7 月份之后，就出现了明显的增长（第一个黑框）。说明该阶段主力正在趁着股价低迷时大幅买入股票建仓。之后，随着股价在 MA120 均线附近遇阻，其成交量开始大幅萎缩，从 10 月进入地量，说明该阶段市场中的买方人气开始稀少，市场交易并不活跃。

之后，当行情运行到次年 1 月股价成功上穿 MA120 均线后，该股的走势开始逐渐转强，成交量大幅增长，呈现二次增量形态（第二个黑框），随后股价便进入快速上涨阶段，2 年涨了近 30 倍。

可见，二次增量形态若出现在股价长期上涨趋势之中的回撤之后，后市大幅上涨的概率非常大，此时，投资者若能在股价回撤企稳时买入股票，获利的概率非常大。

案例 2：太极实业（600667）

我们再来看一下太极实业一段行情的走势，如图 7-15 所示。

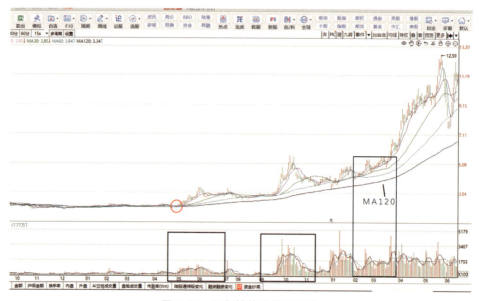

图 7-15　间断性持续增量突破

从上面的图示中可以看出，太极实业的股价自 4 月成功上穿 MA30、MA60 和 MA120 均线。在太极实业成功上穿多条均线的阶段，其成交量出现了大幅增加，完成了行情的第一次放量过程（第一个黑框），说明主力在此时坚定看好后市，所以趁市场人气向好时适量建仓。

之后，股价进入回撤阶段，为期大约 3 个月。当股价运行到 9 月下旬时，行情出现逆转形态，股价随着成交量的增加大幅上扬，并创出新高，完成了第二次放量（第二个黑框），说明该阶段，主力依然在趁着市场火爆之时持续买入股票建仓。

但由于股价涨势较大，没过多久，行情便再次回撤，进入了另一次回撤走势之中，但没的跌破 MA120，并于次年 1 月恢复涨势，成交再次大放量（第三个黑框），步入主升阶段。

可见，在现实交易中，投资者若遇到行情在 MA120 均线上方，经过大幅度或大周期的回撤缩量之后，出现二次放量形态时，往往都是股价进入主升阶段的看多信号，此时趁着行情企稳，股价放量上涨时买入股票，后市获利的可能性会大增。

四、判断技巧总结

在现实交易中，根据二次放量形态判断行情走势时，投资者一定要注意以下几点：

1. 二次放量形态的第一次放量时，股价既可以在 MA120 均线上方运行，也可以在下方运行，但第二次放量，股价一定要在 MA120 均线上方运行。

2. 二次放量形态出现时，股价应在 MA120 均线上方企稳回升。

3. 二次放量形态可以是量堆，也可以是量带。

4. 二次放量形态出现后，行情若出现持续放量形态或长期价升量增形态，其后市上涨的可靠性要大于价升量缩形态。

第六节　上攻放量

上攻放量形态，也称为突破增量形态，是指股价在长期上涨趋势中突破前期高点时的放量形态，该形态出现时，意味着主力再次发力，后市持续上涨概率加大。

一、形态描述

上攻放量形态的基本特征是，股价在 MA120 均线上方回撤之后，再次上涨并创出新高。我们来看一下案例图示，如图 7-16 所示。

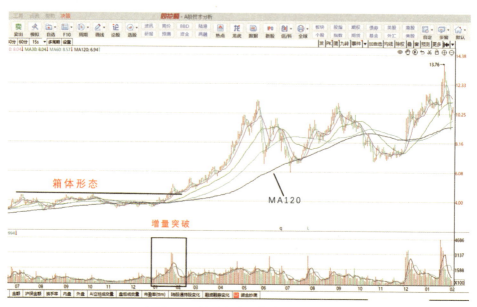

图 7-16　放量上攻，突破原来股价

从上面的图示中可以看出，亚通股份（600692）的股价自 7 月之前，一直处于小幅上涨的走势之中，这种形态一直保持到次年 7 月。此后，该股的股价进入箱体形态，并且成交量也呈现出明显的缩量形态。

但当行情运行到 1 月之后（黑框中），股价开始再次上涨，随着成交量持续加大，股价放量上攻，一举突破前期高点，进入新一轮上涨走势之中。

二、形态含义

上攻放量形态的出现，意味着主力为了持续做高股价，正在趁市场整体向好的时机，大量收集上档获利盘，推动股价走高，属于后市看多的上涨信号。

三、实战案例解析

案例 1：*ST 岩石（600699）

我们来看一下上攻放量在现实交易中的表现情况，如图 7-17 所示。

从上面的图示中可以看出，*ST 岩石的股价自前面 3 月成功上穿 MA120 均线之后，于 9 月开始小幅回撤，直到 11 月才止跌企稳。随着成交量的再次增加而回升，说明该阶段市场中的买方力量再次凝聚。

从图中我们还可看到，当多伦股份的股价运行到次年 1 月时（黑框中），行情开始随着成交量的大幅增加强力上攻，一举突破前期回撤阶段的高点，进入主升阶段，创下 9.46 元的高点。

投资者在现实交易中，若遇到此类股价走势时，在股价二次起量上涨时没有及时买入股票的投资者，在股价放量上攻突破前期高点时买入股票建仓，也是一笔胜算较高的交易。

当然，这里还要再补充一点，当股价形成上攻放量形态时，投资者一定要看看该股在 MA120 均线下方运行时有没有出现量堆、量带、微幅放量等主力吸筹形态，如果出现了，则此时股价放量上攻并持续上涨的概率更大。

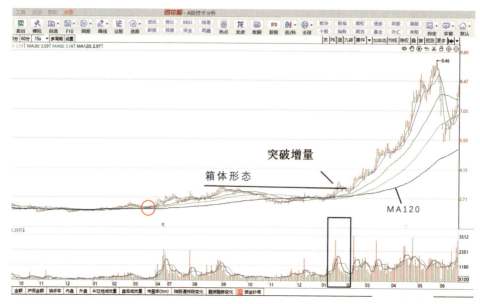

图 7-17　上攻增量带来股价大涨

案例 2：湖南天雁（600698）

我们再来看一下湖南天雁一段行情的走势，如图 7-18 所示。

从图示中可以看出，湖南天雁的股价，前半段自 4 月（第一个黑框）成功上穿 MA120 均线后，经过 2 个月的上涨，于 5 月开始回落。在回落阶段，其成交量出现了明显的萎缩震荡，都是卖单，说明该阶段市场中的买方人气较弱，市场中有少量获利盘卖出，属于筹码回吐阶段。

之后我们看到，该股经历了大约 3 个月的回撤后，于 9 月份开始放量上攻，成交量虽然也大幅放大了，但并没有维持多长时间就再次萎缩，说明此时上攻压力较大，市场又缺乏积极的跟风买盘，所以主力主动放弃了拉升计划，行情随即价跌量缩，在 10 月进入第二次回撤走势。

从图中，我们看到湖南天雁的股价第二次回撤的幅度明显增大，时间拉长，股价一直跌到 MA120 均线附近才止跌回稳。之后，股价在第二个黑框处再次

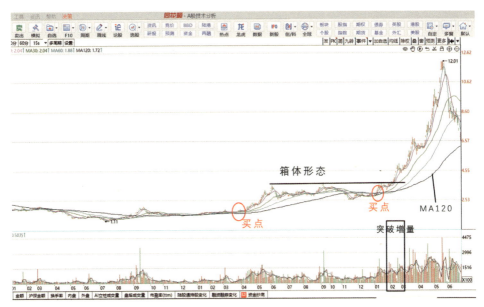

图 7-18 买方力量集中上攻形态

缓慢上涨，并伴随着成交量的持续增加，成功突破前期高点，进入新一轮上涨行情之中。

投资者在现实交易中，若遇到上攻放量形态时，如果在前期股价上穿 MA30 或 MA60 以及 MA120 均线时已经建仓，则此时只适宜持有股票待涨或少量加仓；若在之前没有建仓的投资者，可以在此时尝试买入股票建仓。

四、判断技巧总结

在现实交易中，根据上攻放量形态判断行情走势时，一定要注意以下几点：

1. 上攻放量形态，应出现在长期上涨趋势中（股价在 MA120 均线上方）的回撤之后。

2. 上攻放量形态出现时，股价前方上涨阶段应出现量堆、草丛量、量带、增量等预示强势的成交量形态，并且量堆和量带、增量的幅度越大，其可靠性越高。

3.上攻放量形态出现时，其放量突破阶段的成交量增幅应以大于之前的量堆、草丛量、量带和增量形态时的成交量为佳。

4.上攻放量形态出现时，若成交量随着股价的上涨呈现出价升量增的强势形态和持续增量形态，后市持续上涨的概率会增加。

5.上攻放量形态出现后，成交量若随着股价的上涨再次大幅增量或持续增量，一旦这种形态结束，若股价自高点回落，并且成交量也顺应股价的下跌大幅缩量或出现价升量缩顶部形态，通常都是后市随时见顶回落的征兆。

微信扫码添加同花顺陪伴官小顺
获取更多图书增值服务

第八章

主力出货成交量形态

本章内容要重点掌握。在现实交易中，投资者的风险大小关键就在于所选股票走势如何，如果总是买在高位，卖在低位，想要赚钱就难上加难。反之，如果你能在相对低位顺势买入，在高位主力出货之时及时套利出局，那赚钱也是必然的。当然，任何人不可能做到 100% 的准确，也不可能一击即中，毕竟每只股票都有多次回调和震荡，但长远来说，顺势而为，成功的概率是很高的。

本章共分 6 节，分别讲述主力出货时的各种不同形态，让投资者既能学会如何在正确的时机买入股票，还能学会如何在正确的时机卖出股票。

第一节　小幅缩量

小幅缩量形态，属于一种量价背离的顶部形态，是一种相对隐蔽的缩量形态，该形态出现时，由于成交量萎缩的幅度较小，所以投资者不会马上意识到市场买方的衰竭，他们会倾向于再看一看，但由于该形态出现时股价下跌的速度较快，所以大多数投资者都会被再看一看的想法给害了。

一、形态描述

小幅缩量形态出现时，通常股价会随着成交量的缩小而下跌，但有时也会先出现股价与成交量相互背离的走势，即股价在上涨，但成交量却在逐渐削减，这其实就是主力在股价上涨的过程中逆市出货的信号。想一想，股价在上涨，但买入股票的买家在减少，这本身就是市场即将走低的风险信号，如果股价健康上涨，一定要有大量买家进入，这样就必定会出现成交量持续增加的情况。

所以，当投资者在交易中遇到股价在上涨，但成交量却在缩小，这通常都是买方人气减弱的标志，如果此时再伴随着股价走势减弱，则往往都是主力出货的征兆。所以，小幅缩量形态的基本特征就是，股价持续缓慢上涨，并最终见顶回落，但成交量却始终保持小幅度的继续萎缩。

我们来看一下案例图示，如图 8-1 所示。

图 8-1　小幅缩量与价格背离

从上面的图示中可以看出，三安光电（600703）的股价自12月的低点便一直处于缓慢上涨的走势中，其成交量却并没有随着股价的上涨而增加，反而出现缩小的情况，即股价和成交量出现背离形态，股价反而创出15.38元的新高，成交量依然没有什么明显变化。

随着顶部的来临，行情开始大幅下跌，成交量也随着股价的下跌持续萎缩，并最终创下8.62元的低点，下跌幅度之大可见一斑。

二、形态含义

小幅缩量形态的出现，意味着市场上涨动力在持续减弱，如果股价在小幅增量形态出现之后大幅度下跌，并不再创出新高，这通常是股价见顶回落的标志。

三、实战案例解析

案例1：东软集团（600718）

我们来看一下小幅缩量形态在现实交易中的表现情况，如图8-2所示。

从图示中可以看出，东软集团的股价自创下51.80元的高点之后，便开始大幅度回撤，形成顶部回撤形态，说明该阶段市场中的买方人气开始消失，卖方人气开始涌现。

纵观其整体走势，便可看到，该股在创出高点不久，便开始价跌量缩，伴随着成交量的持续萎缩，主力拉高出货的迹象非常明显；说明该阶段，市场卖方人气难以聚拢，属于明显的空头市场；随着行情的持续走低，股价最终下穿MA30、MA60和MA120均线，进入长期下跌趋势之中，并创下8.03元的阶段性低点，跌幅达到84%以上。

可见，在现实交易中，投资者一旦遇到股价伴随着成交量的萎缩，在高位出现下跌走势时，应增强风险意识，并随时留意股价之后的走势。如果股价在

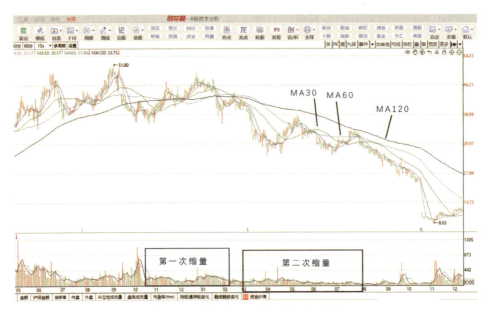

图 8-2　小幅缩量导致股价下跌明显

缩量之后，无法再创新高就再度下跌，或刚创出新高不久就开始下跌，这通常都是市场见顶回落的卖出信号，该阶段一旦被确认，行情陷入长期下跌走势的概率就会大增。

案例 2：佳都科技（600728）

我们再来看一下佳都科技一段行情的走势，如图 8-3 所示。

从图示中可以看出，佳都科技的股价自前一年 12 月创下 17.27 元的高点后，便开始出现明显缩量，说明该阶段市场中的买方人气正在消失，市场上涨的动力已经萎缩。

随后，我们看到，该股的股价于 12 月之后持续下跌，并最终陆续下穿MA30、MA60 和 MA120 均线，进入长期下跌趋势，可见该股当时多方力量的虚弱。

从其下方的成交量指标中，我们可以看出，该股在下跌过程中，成交量是随着股价的下跌小幅缩量的，这种情况一直持续到 11 月创下 2.46 元低点

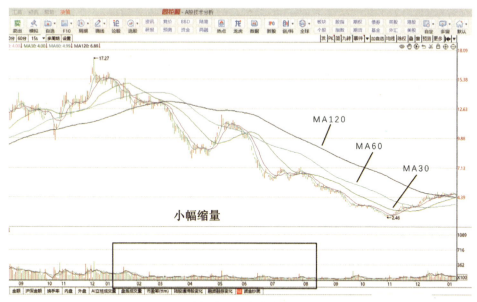

图 8-3　小幅缩量以卖方为主导致价跌

才得以缓解，说明该阶段市场完全是一个空方出货的市场，根本就没有更多的买方来支撑市场。

　　现实交易中，投资者若发现自己手中的股票在高位出现小幅缩量情况，并且缩量之后，股价不再创出新高，反而随着小幅缩量形态的出现开始下跌，并下穿 MA30、MA60 和 MA120 均线，这通常都是主力出货完毕，市场进入空头主导的跌势之中，手中还有股票的投资者应及时卖出股票规避风险，而不宜盲听盲从市场的乐观论调大举入市。

四、判断技巧总结

　　在现实交易中，根据小幅缩量形态判断行情走势时，投资者一定要注意以下几点：

　　1. 小幅缩量形态应出现在股价上涨较高的顶部区域，即突出顶部特征。

　　2. 小幅缩量形态出现时，如果股价依然上涨，这说明主力在一边拉升股价，一边逆市卖出股票，并且，股价上涨的幅度越小，这种可能性就越大。

3. 小幅缩量形态出现时，若之前股价出现急促的短期大幅增量形态，或出现量峰形态，则后市见顶的概率会增大。

4. 小幅增量形态出现后，股价不创新高，后市下跌的可能性也会增大。

5. 小幅增量形态出现后，若股价跌穿 MA30、MA60 和 MA120 均线，这预示着后市已经转熊，属于平仓出局的最后时机。

第二节　大幅缩量

大幅缩量形态，是指成交量由增量到缩量的转变过程急速而明显。该形态出现时，成交量大幅萎缩，如果该形态出现在行情走势的高位，通常预示着市场买方力量消失，后市走势堪忧，这是主力仓位平仓完毕的信号。

一、形态描述

大幅缩量形态的基本特征是，股价在上涨的过程中价升量增，但是成交量却突然出现了大幅的萎缩，形成价升量缩的背离形态，时间不长，紧接着就是股价下跌而大幅萎缩，呈现明显的价跌量缩形态。

我们来看一下案例图示，如图 8-4 所示。

从图示中可以看出，厦工股份（600815）的股价自左侧 2.30 元低点开始，便随着成交量的大幅增加而大幅上涨，上涨周期达到 13 个月之久；但当行情运行到 2007 年 9 月时，其下方的成交量开始大幅度萎缩，呈现出大幅缩量形态，时间长达一年多。虽然之后股价到达高点 17.60 元，但由于成交量萎缩严重，根本无法支撑股价持续大涨。随着成交量的持续萎缩，股价见顶回落，进入长

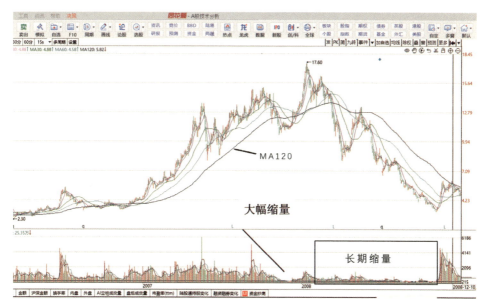

图 8-4　价跌量缩，长期萎靡下跌

期下跌趋势，与下面成交量萎缩是一致的。

二、形态含义

大幅缩量形态出现时，通常意味着市场中的卖方彻底消失，只有少量的流动浮筹在积极交易，该形态出现时，如果后市出现下跌走势，不再创出新高，就是后市堪忧的下跌信号。

三、实战案例解析

案例 1：建元信托（600816）

我们来看一下大幅缩量形态在现实交易中的表现情况，如图 8-5 所示。

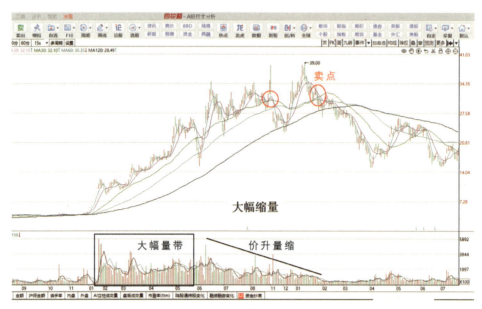

图 8-5　大幅拉升高位出货，之后就是大幅缩量

　　从上面的图示中可以看出，建元信托的股价自 12 月进入长期上涨趋势之后，成交量也随着股价的上涨大幅增加，形成一个非常明显的大型量带，说明在该阶段，该股的买方人气非常活跃，跟风盘较足，主力的拉升计划非常顺利。

　　但当行情运行到次年 5 月 30 日时，随着重大利空的出台，该股的股价开始大幅下挫，成交量也随着股价的下跌大幅萎缩，这说明市场主力深谙政策因素的利弊得失，所以在利空出现之时大肆卖出股票防范风险。不过时间很短，之后股价能再次返回原先的上涨趋势，并创出新高，但其下方持续萎缩的成交量却暴露了股价走势的真正动向。即股价在上涨，成交量却在萎缩，形成价升量缩的背离形态。这说明，该阶段主力在之前下跌的过程中并没有将所有仓位出尽，之后不得不再度拉升股价，为手中其他的仓位留下充足的出货空间。

　　在现实交易中，投资者若遇到此类走势形态时，应增强风险意识，一旦股价不创新高或创出新高不久就开始再度下跌，往往都是主力无意持续拉升股价，只想在上涨阶段见好就收，清仓出局的最后时机。所以，在这种形态中，投资者不要贪多求大，在相应的高位就应平仓出局，规避风险。

案例2：耀皮玻璃（600819）

我们再来看一下耀皮玻璃一段行情的走势，如图8-6所示。

图8-6　大幅拉升后高位出货，后面就是跌势

从上面的图示中可以看出，耀皮玻璃的股价自左侧开始价升量增，步入上涨趋势之中，在5月创下21.00元的高点。

但是，股价在创下高点的当日，并没有收成阳线保住成果，而是伴随着大利空出现大幅下跌，并且成交量也出现大幅度的萎缩。这说明，该阶段市场买方人气尽失，卖方人气大量涌现。

之后，我们看到耀皮玻璃的股价在跌至一个相对低位之后，并没有持续下跌，而是大幅度的震荡整理。在震荡过程中，我们看到下方的成交量出现短期间断放量现象，并形成多量柱形态。这说明，主力手中的股票并没有完全出尽，他们还在通过诱多（后面还会专门讲述）手段，在高位继续出货。

在这里，我们要提到的一点是，在现实交易中，每当出现大幅度的快速下跌时，往往都是主力杀跌出货的征兆。因为，将股价拉升至高位之后，如果有了较大的出货空间，以杀跌的形式出货，会在很短的时间内出掉大量的仓位，之后所剩的仓位只需要随行就市逐步诱多卖出即可，这对主力来说已经没有风险了。

所以，在现实交易中，投资者若在高位遇到大幅缩量形态时，应随时留意后市变化，一旦走势变坏，及时平仓出局便是明智的决定。

四、判断技巧总结

在现实交易中，根据缩量形态判断行情走势时，一定要注意以下几点：

1.大幅缩量形态既可出现在行情持续上涨的过程中，又可出现在股价大幅上涨之后的高位，但出现在高位的大幅缩量形态最具实战价值。

2.大幅缩量形态出现后，如果股价不再创出新高，行情见顶回落的概率便会增大。

3.大幅缩量形态出现后，成交量应持续萎缩。

4.大幅缩量形态出现后，其股价没有下跌而是持续上涨，若成交量出现增量形态，但幅度和持续的时间明显缩小，这同样属于后市即将见顶回落的信号。

5.大幅缩量形态出现时，股价在下跌的过程中，时不时地出现多量柱诱多形态，后市持续下跌的可能性也会增大。

6.大幅缩量形态出现后，股价下破 MA30、MA60、MA120 通常都是行情进入熊市的信号。

第三节　间断缩量

间断缩量形态，也属于一种主力出货的行情形态，该形态出现时，成交量会出现不规则的量堆，并且量堆的大小幅度也呈现逐步缩小的姿态。

一、形态描述

间断缩量的基本特征是，股价在持续上涨，或随着成交量的萎缩出现下跌，但其下方的成交量却并没有持续萎缩，而是随着股价的涨跌时而增量，时而缩量，形成多个量堆，并且量堆的形态一个比一个小。

我们来看一下案例图示，如图 8-7 所示。

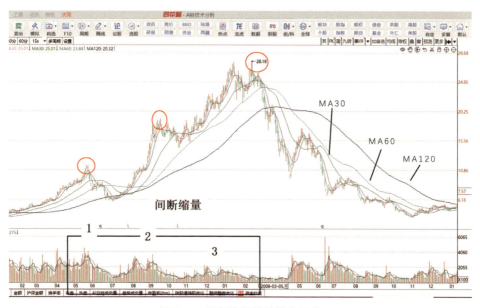

图 8-7　间断缩量持续拔高股价

从图示中可以看出，香溢融通（600830）的股价一直处于长期上涨走势之中，成交量也随着股价的上涨而价升量增，强势形态特别明显。

但当股价运行到 2007 年 5 月下旬，随着利空的出现，该股在 1 处到了一个小顶部,也未能幸免出现了大幅度下跌,成交量明显萎缩,形成第一个萎缩区。之后，股价虽然再度增量上涨，形成量堆，但没过多久便再度萎缩，在 2 处形成量峰，呈现第二个萎缩区。接下来，股价三度放量上涨，形成第三个量堆，已经有了明显的萎缩，第三个萎缩区的萎缩幅度，已经较之前第一个萎缩区的高峰又有大幅度的萎缩。

纵观该股的整体走势，可以看出，该股自 5 月之后的行情，其实同样属于价升量缩的形态，只不过缩量的形式是间断性的逐步缩量，而不是像大幅缩量形态那样非常明显。

二、形态含义

间断缩量形态出现时，意味着市场走势开始减弱，主力正在趁着股价还有"余气"，市场人气还没有完全消失的时机，持续拔高出货。该形态出现时，意味着后市随时有可能进入长期下跌趋势。

三、实战案例解析

案例 1：东方明珠（600832）

我们来看一下间断缩量在现实交易中的表现，如图 8-8 所示。

从图示中可以看出，东方明珠的股价自 8 月上涨以来，于次年 2 月开始，其成交量就开始发生明显变化，股价在小幅下跌，成交量却在大幅萎缩，并形成一个量坑，但股价并没有因此而大幅下跌，反而于当年 4 月再度价升量增强势上涨，创出 23.57 元的高点。之后便随着股价的下跌出现价跌量缩形态，形成一个量堆（1 处）。说明该阶段，主力正在大量卖出股票套现。

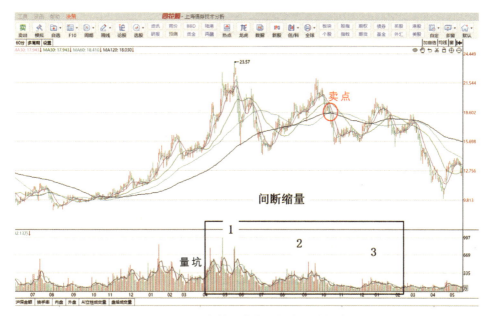

图 8-8　间断性三次缩量构成下跌走势

股价经过 2 个月的下跌之后，于当年 8 月左右再次企稳回升，放量上涨，却并没有再创新高就再度下跌，形成第二个量堆（2 处），出现第二次价跌量缩形态。这说明，主力的仓位在之前的下跌过程中并没有完全清仓，手中还有剩余仓位，只得在第二波行情中继续拉高卖出。

随着股价越走越低，市场中的买方人气已经消失大半，所以股价在第三次上涨时（3 处），放出的成交量进一步减少，说明主力已经在高位顺利出局了，已经不需要再动用过多的资金拉升股价了。

纵观东方明珠的整个走势便可发现，该股在形成间断缩量形态时，其实属于一个价跌量缩的顶部形态。所以，投资者在现实交易中要注意，间断缩量形态一旦呈现出价跌量缩的走势，后市见顶回落的概率便会增大。

案例 2：上海机电（600835）

我们再来看一下上海机电一段行情的走势，如图 8-9 所示。

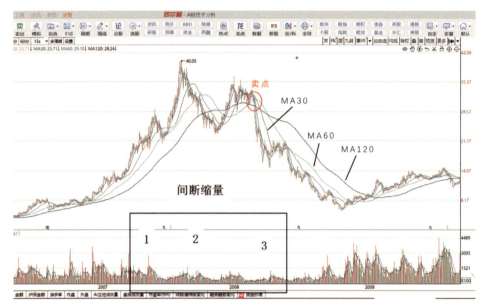

图 8-9　间断缩量拉升到高位有风险

从图 8-9 可以看出，上海机电的股价走势与前面东方明珠的股价走势有明显不同。

东方明珠的股价走势，在高位与间断缩量形态形成价跌量缩弱势形态；而上海机电的股价走势则是在出现间断缩量形态之后持续上涨，形成价涨量缩背离形态，直到创出 40.05 元的高点后，随着股价的回撤，其下方的成交量也大幅萎缩（3 处）。说明在这个阶段，主力已经顺利出局了。

所以，在现实交易中，投资者应注意，当你遇到间断缩量形态时，无论股价与成交量的关系是价升量缩，还是价跌量缩，都是危险信号。在这个阶段，投资者必须增强风险意识，不可有过度幻想，或在出现亏损时固执地死扛，一旦股价跌破 MA30、MA60 和 MA120 时，必须放弃所有幻想，当机立断平仓出局。

四、判断技巧总结

在现实交易中，根据间断缩量形态判断行情走势时，一定要注意以下几点：

1. 间断缩量形态应出现在股价上涨的过程中，即，应出现在 MA120 均线上方的高位。

2. 间断缩量形态出现时，若股价和成交量均创新高，但股价增长的幅度较小，放量持续的周期较短；此时一旦价跌量缩，后市见顶回落的概率便会增加。

3. 间断缩量形态出现时，量堆越小，后市下跌的概率越大。

4. 间断缩量形态出现后，若股价无法再创新高，一旦跌破 MA120 均线，则是后市走熊的信号。

第四节 持续缩量

持续缩量形态，是指成交量持续萎缩的一种行情形态，该形态既可出现在行情上涨的顶部阶段，也可以出现在行情持续下跌的熊市过程中。

一、形态描述

持续缩量形态的基本特征是，成交量经过大幅度的萎缩之后，一直持续小幅缩量的形态。我们来看一下案例图示，如图 8-10。

从图示中可以看出，宝胜股份（600973）的股价自 2006 年 10 月上涨开始，就一直处于价升量缩的长期背离之中，这说明，该股主力手里持有大量的股票，根本不需要过多跟风盘的帮助，就能将股价轻松拉起。

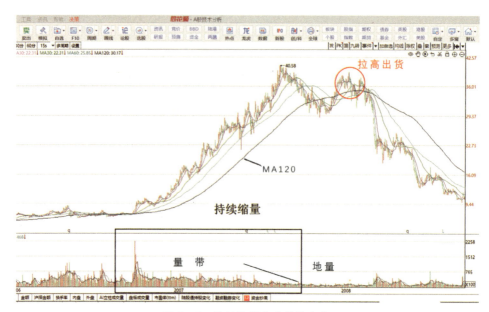

图 8-10　持续缩量拉升掩护出货

　　该股上涨的前半部分（黑框前三分之二）可以看出，其下方的成交量并没有出现缩量形态，这说明，主力在该阶段并没有大量出货，其主要操作模式就是拉升股价。但当股价运行到 2007 年 6 月之后，情况出现了微妙的变化，股价在上涨，但成交量却开始明显萎缩，呈现出长期的持续缩量形态，这说明主力在一边拉升股价一边出货。

　　所以，当股价创出 40.58 元的高点后，滞涨反跌，最终跌穿 MA120 均线，进入长期下跌趋势，也属情理之中了。

二、形态含义

　　持续缩量形态的出现，意味着市场中的买方人气正在逐步消退，市场交易热度下降，如果该形态出现在行情的顶部，这通常是市场随时见顶回落的风险信号。

三、实战案例解析

案例1：沙河股份（000014）

我们来看一下持续缩量形态在现实交易中的表现情况，如图8-11所示。

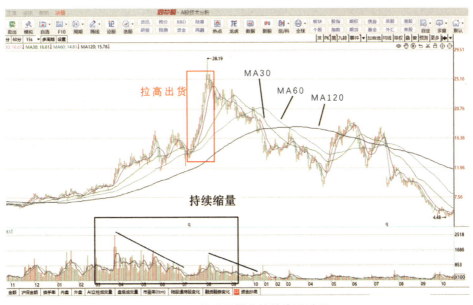

图8-11　价升量增的持续缩量过程

从上面的图示中可以看出，沙河股份的股价在前一年11月便开始进入长期上涨趋势，出现大幅度的上涨，并且，其下方的成交量也呈现明显的增量形态，价升量增的强势形态非常明显。

当运行到当年4月时，行情开始出现了一些不利的变化，成交量在持续下跌，股价却在不断上升，属于主力拔高出货的主要时期；现实交易中，此时便是投资者随时警惕风险来临的谨慎持股期。随着成交量的逐步萎缩，该股分别于当年8月和次年2月出现了两波大幅回撤，并于8月前后创出28.19元的高点后，开始再度下跌，最终下穿MA120均线，进入长期下跌趋势。

从该股的走势中可以看出，该股的成交量于当年 4 月份就已经开始逐步萎缩了，说明该股的交易正在由旺盛转向清淡；随着成交量的持续萎缩，其股价无法持续上涨，虽然创出了新高，但终究因为买方人气无以为继，而很快夭折，最终步入长期下跌的走势之中。

案例 2：晋亿实业（601002）

我们再来看一下晋亿实业一段行情的走势，如图 8-12 所示。

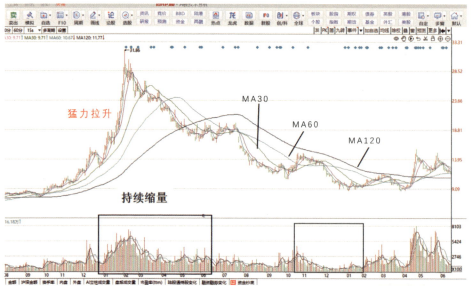

图 8-12　持续缩量与持续下跌同步

从上面的图示中可以看出，晋亿实业的股价自 9 月后期一直处于上涨趋势之中，随着股价的不断上涨，成交量也呈现出不断增加的强势形态。当股价创下 31.86 元的高点时，情况却突然发生了相反的变化，成交量开始随着股价的下跌而大幅萎缩。之后，便一直随着股价的下跌而持续缩量，形成持续缩量形态。这说明，在该阶段市场中的买方人气自股价创下 31.86 元的高点之后，就彻底消失了，进入长期下跌趋势。

所以，在现实交易中，投资者若遇到股价在高位下跌，并且，成交量也随着股价的下跌而大幅缩量，并最终形成持续缩量形态时，这通常说明主力已经在前期高位区域出现之前就平仓出局了，后市股价如果无法创出新高，反而出现下跌，甚至陆续跌破 MA30、MA60 和 MA120 均线，这往往都是后市走弱的征兆，投资者应在此时及时平仓出局，规避风险，而不应大量买入股票建仓。

四、判断技巧总结

在现实交易中，根据持续缩量形态判断行情走势时，一定要注意以下几点：

1.持续缩量形态出现在股价大幅上涨之后的高位，通常是市场转弱的信号。

2.在持续缩量形态出现时，若股价在之前曾出现大幅缩量形态或量坑形态，则后市见顶回落的概率便会增大。

3.在持续缩量形态出现时，行情如果出现其他见顶信号，则后市回落的概率也会加大。

4.在持续缩量形态出现后，若股价不创新高，并跌破 MA30、MA60 和 MA120 均线，这通常是市场即将进入熊市的标志。

第五节　二次缩量

二次缩量形态，是指股价经过一次大幅度的缩量之后，再次上涨，并在上涨的过程中再次放量，但所放出的成交量，较之前相比明显较少，并在股价下跌时进一步缩量。

一、形态描述

二次缩量形态的基本特征是，股价自上涨增量形态结束之后，下方的成交量出现了依次递减的弱势形态。我们来看一下案例图示，如图 8-13。

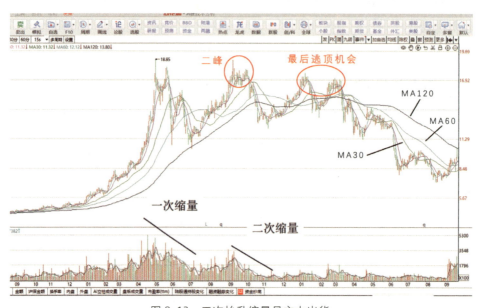

图 8-13 二次抬升缩量是主力出货

从上面的图示中可以看出，上海建工（600170）于上年 9 月至下年 5 月之间股价处于上涨之中，成交量一直都是随着股价的上涨而增加的，直到 5 月 30 日之后，才随着股价的下跌出现萎缩，形成一个明显的量坑，完成了第一次缩量。

股价第一次放量上涨，创出 18.85 元的高点，但没过多久就下跌，随后 9 月拉出一个二次高峰，没有突破前高，成交量再次萎缩，形成二次缩量形态。之后，股价虽然再次反弹，但成交量却不再放大，说明主力已经出货完毕，无意再次拉升股价。此后，股价便开始持续下跌，并最终进入长期下跌趋势。

二、形态含义

二次缩量形态形成时，通常预示着买方人气开始下降，市场交易渐趋清淡，后市见顶回落的概率较大。

三、实战案例解析

案例1：安彩高科（600207）

我们来看一下二次缩量形态在现实交易中的表现情况，如图 8-14 所示。

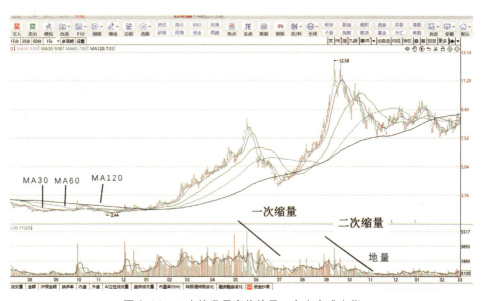

图 8-14　二次拉升最高位缩量，主力完成出货

从上面的图示中可以看出，安彩高科的股价自 11 月 2.44 元低点上涨以来，成交量一直与股价保持价升量增的强势关系，但当股价运行到次年 5 月下旬之后，行情开始逆转，并伴随着股价的大幅下跌，成交量也快速萎缩，这种情况一直维持了 2 个月，到 7 月才随着行情的企稳，恢复强势，再次价升量增；但

是此时的成交量与之前的成交量相比，已经今非昔比。

随着股价创下 12.58 元的高点之后，安彩高科的股价开始再度下滑，成交量也随之大幅萎缩，形成二次缩量形态，并且，这一缩量之后，其成交量几乎出现地量形态，与其上涨之前的成交量形态基本类似；说明此时安彩高科的交易已经失去了以往的活跃气氛，随着股价的持续下跌和成交量的持续萎缩，行情逐渐失去了上涨动力，步入长期下跌趋势之中。

所以，在现实交易中，遇到此类股价走势形态时，手中依然持有股票的投资者，应增强风险意识，一旦遇到二次放量下跌的走势时，就应及时平仓出局，规避风险。

案例 2：衢州发展（600208）

我们再来看一下衢州发展一段行情的走势，如图 8-15 所示。

图 8-15　二次缩量后多是卖方出单

从图示中可以看出，衢州发展的股价也出现了二次缩量形态，股价在5月下旬之后，其成交量就出现过一次缩量形态。当股价运行到8月创出22元的高点之后，股价再次回落，并且下方的成交量与之前第一次缩量时的成交量相比，也出现了进一步的萎缩，二次缩量形态非常明显。说明该阶段的买方人气已经变弱，后市上涨动力不足；随后，股价便进入持续下跌的走势之中。

所以，在现实交易中，投资者在遇到此类股价走势形态时，应特别留意成交量二次缩量之后的成交量变化。如果在二次缩量形态出现时，其成交量的高点（量峰）较之前股价下跌时的高点（量峰）更低，甚至出现三次、四次持续大幅缩量的走势形态时，都属于后市即将下跌的征兆。此时，投资者不宜追高买入股票，哪怕股价依然处于上涨走势之中，也不应对后市持过分乐观的态度。

四、判断技巧总结

在现实交易中，根据二次缩量形态判断行情走势时，投资者一定要注意以下几点：

1. 二次缩量形态应出现在股价大幅上涨之后的高位区域。

2. 二次缩量形态出现之前，股价应与成交量形成价升量增形态。

3. 二次缩量形态出现时，第二次缩量时的量堆越小，其后市下跌的概率就越大。

4. 二次缩量形态出现后，若行情持续出现第三次、第四次缩量，并且每一次缩量时的成交量都较之前明显减少，此时股价一旦下跌，以至于跌破MA30、MA60和MA120均线，后市进入熊市的概率就会增大。

第六节　下跌放量

下跌放量形态是指股价在长期下跌的趋势中出现放量现象，该形态出现时，通常是一些手中还有未平仓位的主力，在趁着股价反弹的机会诱多出货的卖出信号。

一、形态描述

下跌放量形态的基本特点就是，股价在长期下跌的趋势中（股价在 MA120 均线下方运行），其每一次反弹都伴随着成交量的增加。

我们来看一下案例图示，如图 8-16 图所示。

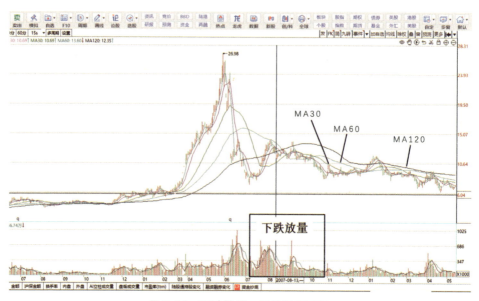

图 8-16　下跌放量，股价同步下行

从上面的图示中可以看出，津投城开（600322）的股价自创出 26.98 元的最高点之后，便开始价跌量缩，进入长期下跌走势之中。

但从其下方的成交量指标中可以看出，该股在黑框期间，其股价每一次反弹，成交量就增量一次，这说明，市场中的买方人气严重不足，此时的增量上涨只不过是主力在诱多做盘而已。这种情况一直持续到 2007 年 11 月前后，该股便进入新一轮震荡走势之中。

二、形态含义

下跌放量形态，通常出现在股价持续下跌的熊市之中，该形态出现时，说明市场中的买方人气难以持续，属于主力拉高出货的诱多信号。

三、实战案例解析

案例1：中盐化工（600328）

我们来看一下下跌放量形态在现实交易中的表现情况，如图 8-17 所示。

从图示中可以看出，中盐化工的股价自 2007 年 10 月前后创下 18.89 元的高点之时，成交量就已经出现了价升量缩的背离形态。这说明，该阶段市场中的买方人气已经开始衰弱，上涨力量严重不足，属于主力高位出货的信号。

随着股价下穿 MA120 均线，该股的成交量依然没有什么变化，持续原先的缩量形态，但当股价运行到 2008 年 4 月前后（黑框中），其成交量却随着股价的反弹，出现增量形态，但由于其股价一直没有上穿 MA120 均线，所以，我们依然判断，此时的放量形态，实际上是主力诱多出货的卖出信号。

可见，当整体市场普遍走低的时候，如果股价走势正处于相对高位，在 MA120 均线下方出现反弹增量的下跌放量形态时，通常都是主力诱多出货的风险信号，此时，投资者只宜观望等待，不宜追高买入。

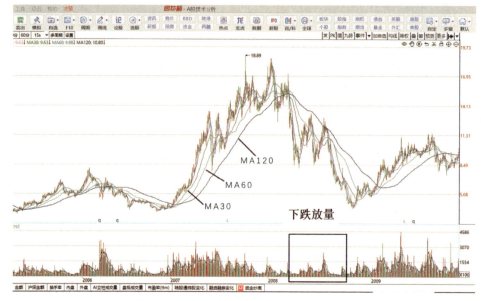

图 8-17　冲顶后下跌放量，主力很有节奏

案例 2：宏达股份（600331）

我们再来看一下宏达股份一段行情的走势，如图 8-18 所示。

从图示中可以看出，宏达股份的股价自 4 月（黑框中）开始，股价就从 83.88 元的高点以连续跌停的形式向下暴跌，并最终跌破了 MA120 均线。

我们还可以看出，在股价下跌的过程中，其成交量大幅放大，说明主力正在趁着股价复牌的良机，不顾成本地大量卖出股票。

在现实交易中，投资者一旦遇到股价下跌，但成交量却在大幅增加的情况时，一定要提高警惕，并在恰当的时机平仓出局，规避风险，而不宜在此时心存侥幸，盲目抄底或追涨。

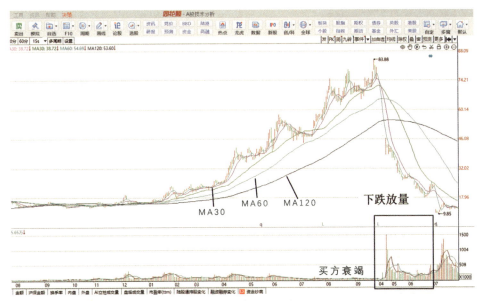

图 8-18　从地量拉升，高位跳水出货

四、判断技巧总结

在现实交易中，通过下跌放量形态判断行情走势时，投资者一定要注意以下几点：

1. 下跌放量形态应出现在长期下跌趋势之中，即，出现在 MA120 均线下方的反弹过程中。

2. 下跌放量形态如果出现在股价大幅上涨之后的高位形态，并以连续跌停的形态出现，通常都是行情即将进入熊市的征兆。

3. 下跌放量形态出现时，若行情在之前出现价跌量缩弱势形态，此时股价持续下跌的概率便会增大。

4. 下跌放量形态出现时，其放量时成交量的放量幅度越大，所持续的周期越短，其后市持续下跌的可能性越高。

微信扫码添加同花顺陪伴官小顺
获取更多图书增值服务

第九章

主力洗盘成交量形态

　　主力在拉升股价之前，会先尽可能多地吸收市场中的流动筹码，以避免市场中的流动筹码过多而影响之后的拉升计划，所以在达到这个目的之前，他们不会立即拉升股价，而是在一个相对的低位进行洗盘吸筹，通过一些技术手段，迫使一些信心不坚定的投资者卖出股票，将绝大多数的筹码集中到自己手中，造成股票稀缺的局面，为之后的股价拉升创造有利条件。

第一节　震荡缩量

　　震荡缩量形态，就是主力洗盘的一种常用方法，将股价拉升至一个相对高点之后，进行横向整理，让市场人士误认为股价已经到顶，所以只能获利出局。

一、形态描述

　　震荡缩量形态的基本特征，是股价在 MA120 均线上方运行，却并不持续上涨，而是上涨到一定的幅度（比如 30% 左右），开始停止快速吸筹的拔高策略，进而采用横向整理的吸筹方法，迫使股价在高位区域反复震荡。所以，该阶段出现时，行情通常会在一个相对的高位震荡运行，并伴随着成交量的明显萎缩。

我们来看一下案例图示，如图9-1。

图9-1 震荡缩量洗盘，但股价并没有下跌

从上面的图示中可以看出，精伦电子（600355）的股价自4月（黑框中）成功上穿MA120均线之后，经过一个多月的快速上涨后，于6月左右开始滞涨不前，呈现出高位震荡的整理格局。我们可以看出，该股在形成震荡整理的形态时，其下方的成交量出现明显萎缩，说明在该阶段，市场中的交易热情正在降低，行情缺乏上涨动力。

然而，我们从另一个角度讲，由于在震荡整理过程中，股价并没有出现大幅度下跌，这也充分说明，在该阶段大量的浮动卖盘已经得到了有效的清理，所以市场中才没有大量的浮动卖盘打压股价。

　　此后，在股价运行到次年1月前后时，主力认为市场流动浮筹已经清除，拉升时机已经成熟，便再次发动行情拉升股价，推动该股进入主升阶段。

二、形态含义

　　震荡缩量形态出现时，说明市场中的流动浮筹已经被主力清理完毕，没有过多的卖盘影响主力的拉升计划，所以一旦行情再次价升量增，通常都是主升阶段到来的信号。

三、实战案例解析

案例1：五洲交通（600368）

　　我们来看一下震荡缩量形态在现实交易中的表现情况，如图9-2所示。

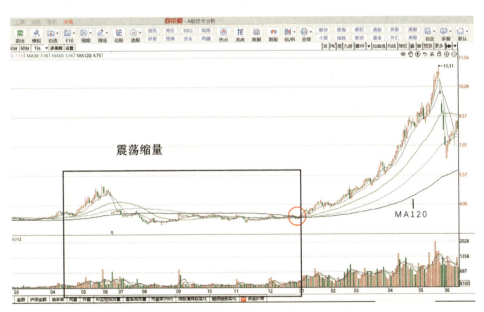

图 9-2　震荡缩量维持股价，迎来二次大幅拉升

从上面的图示中可以看出，五洲交通的股价自最左侧的 3 月成功上穿 MA120 均线之后，共出现了大约 3 个月的上涨，并且在上涨过程中，其下方的成交量也随着股价的走强出现大幅度的增加，强势形态比较明显。

但当行情运行到 6 月初，股价开始随着成交量的萎缩逐步回撤，并出现震荡缩量的走势形态，说明在该阶段，市场中的交易比较清淡，市场中卖方的压力不大，主力的洗盘计划比较成功。

这种情况一直保持了半年之久，随着成交量的再度放大，股价开始再次上涨，形成价升量增的二次放量形态，股价再次上涨的号角已经吹响；之后，我们看到，该股大幅上涨，成功突破了前期高点，创下 11.11 元的阶段性高点。

可见，股价在 MA120 均线上方滞涨回落之后，如果出现缩量整理的形态，通常说明该股正处于拉升之前的洗盘阶段，该阶段持续的时间越长，成交量越低迷，越说明市场中的流动浮筹（卖盘）清理得越干净。

所以，一旦其股价出现二次放量，再次出现价升量增的上涨走势时，便是一个胜算较高的买入信号，在现实交易中，投资者若遇到此类股价走势时，应该考虑买入股票建仓。

案例 2：浙江龙盛（600352）

我们再来看一下浙江龙盛一段行情的走势，如图 9-3 所示。

从图示中可以看出，浙江龙盛的股价自 4 月（黑框中）成功上穿 MA120 均线不久，就出现震荡缩量的走势，这样的形态一直保持到当年 12 月才逐渐停止，整理的时间达到 9 个月之久。在这段震荡整理的过程中，即便是再有信心的中小投资者，也会因为受不了股价毫无趋势的煎熬，不得不平仓出局，去购买那些看起来涨势更好的股票。

所以，投在现实交易中，投资者手中的股票一旦出现这样的行情走势时，就应耐心持有，不要轻易放弃，除非这个股票的业绩出现了大幅度的下滑，其质地和股价的走势都出现了不利的变化，否则就应该坚定不移地继续持有，不

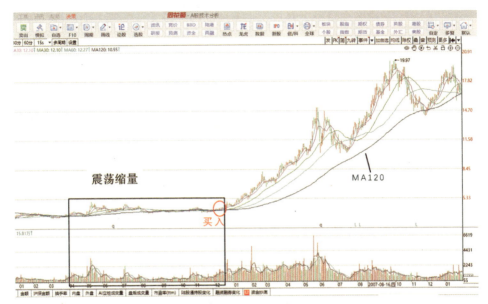

图 9-3 长期震荡缩量淘汰中小投资者

应在这个时候因担心股价下跌或缺乏耐心而在应该持有的时候卖出股票。

相对于那些建仓较少或没有建仓的投资者而言，则可以在股价振荡缩量结束之后的再度放量上涨过程中买入股票建仓。因为震荡缩量形态出现时，说明该股的流动浮筹已经被主力清理出局了，后市上涨势在必行，属于一种胜算较高的买入信号。

四、判断技巧总结

在现实交易中，根据震荡缩量形态判断行情走势时，投资者一定要注意以下几点：

1. 震荡缩量形态应该出现在长期上涨趋势中，即，股价应运行在 MA120 均线上方。

2. 震荡缩量形态出现时，其股价不宜跌破 MA120 均线，若有跌破现象，应在 2 个月内返回到 MA120 均线上方。

3. 震荡缩量形态出现时，其成交量萎缩的幅度越大，说明主力洗盘的成果越好，后市上涨的可靠性越高。

4. 震荡缩量形态出现后，当股价再次上涨，成交量二次放量时，其上涨和放量的幅度越大，持续的时间越长，其上涨的可靠性越高。

第二节　大跌缩量

大跌缩量，是指主力在拉升股价之前，由于手中的筹码并不十分充足，为了确保拉升行为的顺利进行，所做的一次大幅度的洗盘行为。

一、形态描述

大跌缩量形态的基本特征是，股价在长期上涨趋势中（MA120 均线上方）出现一波大幅度的下跌，甚至跌破了 MA120 均线，并且成交量也伴随着股价的下跌而大幅萎缩。

我们来看一下案例图示，如图 9-4。

从图示中可以看出，皇庭国际（000056）的股价自 12 月上穿 MA120 均线进入长期上涨趋势，但没过多久，股价便出现一波大幅度的回撤（黑框中），并跌穿了 MA120 均线创下 9.36 元的低点。

此时我们再来看一下其成交量的变化。下方的成交量指标中，我们可以看出，该股在下跌过程中，其成交量出现大幅度的萎缩，形成大跌缩量形态。随着股价创出 9.36 元的底部，成交量也再次增多，行情进入新一轮上涨过程中。

图 9-4　成交量形成量坑形缩量，后面拉升

二、形态含义

　　大跌缩量形态出现时，预示着主力正在进行大规模的洗盘，该形态出现后，若股价能顺利返回 MA120 均线上方，则后市上涨的概率就会增加。

三、实战案例解析

案例 1：中信海直（000099）

　　我们来看一下大跌缩量形态在现实交易中的表现情况，如图 9-5 所示。

　　从图示中可以看出，中信海直的股价自 4 月之前一直运行在 MA120 均线之上；但到了 4 月之后（黑框），行情出现剧烈变化，股价大幅度下跌，并跌穿 MA120 均线，最终创下 5.75 元的阶段性低点。随后，行情便再次上涨，股价顺利返回 MA120 均线上方，步入新一轮上涨行情之中。

　　从其下方的成交量指标中，我们可以看出，4 月下旬在股价大幅下跌的阶

图 9-5　缩量带来股价下跌，洗走散户

段，中信海直的成交量呈现出大幅缩量的形态，此后成交量便一直保持缩量形态，没有出现参差不齐的情况，说明经过之前的大幅回撤洗盘，市场中已经没有多少流动浮筹影响之后的拉升了。所以，当行情运行到 7 月中旬，随着股价的触底反弹和成交量再次大幅增加，说明主力的洗盘行为已经结束，后市上涨在即，此时是最佳买点。

可见，在现实交易中，如果投资者不了解大跌缩量形态，一旦遇到此类股价走势，往往都会在股价大幅回撤的洗盘阶段平仓出局，从而放弃了之后的大幅利润。

但是，因为大跌形态的特点就是破坏趋势，如果投资者不能及时出局，一旦趋势变坏，又会造成很大的损失。所以，最好的方式就是，当你手中的股票出现这种走势形态时，投资者可以先卖出部分仓位规避风险，等到行情明朗、形态被再次确认之后，重新进入。

　　当然，最好的方法就是寻找那些出现大跌缩量形态的股票进行关注，等到它们再次放量上穿 MA120 均线后开始买入，这样成功的胜算就会高很多。

案例 2：吉林化纤（000420）

　　我们再来看一下吉林化纤一段行情的走势，如图 9-6 所示。

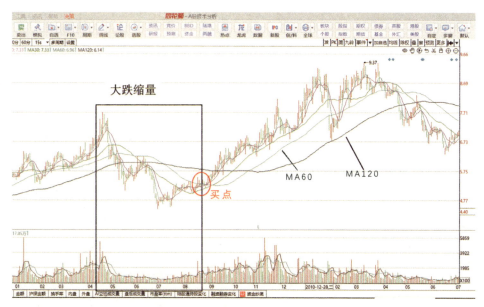

图 9-6　大跌缩量后又形成量峰高涨形态

　　从上面的图示中可以看出，吉林化纤的股价自左侧 1 月以来，始终处于长期上涨趋势之中，这种状态一直保持到次年 4 月下旬。

　　此时，行情开始出现大幅度的回撤，并击穿 MA120 均线，形成大跌缩量形态，这种走势一直持续了 4 个月左右，形成地量，着实让人担忧。但没过多久，股价就止跌企稳，重新返回 MA60 和 MA120 均线上方，步入新的上涨行情之中。

　　我们来看一下其下方的成交量指标便可发现，股价在出现大幅回撤的下跌阶段，其成交量出现了大幅度的萎缩，没有出现参差不齐的情况。这说明，该阶段主力洗盘的成果较好，市场中的流动浮筹已经被彻底清理干净，没有过多的浮筹影响股价的拉升。

之后，我们看到，该股的股价自 7 月开始再次发力上攻，成交量也随着股价的上涨大幅增加，说明主力已经敢于通过大量购买上档卖盘发力上攻了。

可见，投资者在现实交易中，若发现股价出现大跌缩量形态，并且，之后其成交量又能随着股价的上涨再次放量上攻，重返 MA60 和 MA120 均线上方，这通常都是行情即将进入另一波上涨行情的看多信号，此时买入股票建仓，胜算较高。

四、判断技巧总结

在现实交易中，根据大跌缩量形态判断行情走势时，投资者一定要注意以下几点：

1.大跌缩量形态应出现在长期上涨趋势中，即股价应运行于 MA120 均线上方。

2.大跌缩量形态出现时，其下方缩量阶段的成交量应以顺滑均匀为佳，以参差不齐为差。

3.大跌缩量形态若出现在股价刚刚上穿 MA120 均线不久，说明该股即将进入主升浪。

4.大跌缩量形态若出现在股价大涨之后的相对高位，如果能创出新高，则属于行情即将进入最后一波上涨走势的征兆；若无法创出新高，就会形成前面所讲述的顶部回撤量形态，属于行情见顶回落的征兆。

第三节　回落增量

回落增量形态也是一种主力洗盘的成功形态，该形态出现时，说明市场中大量的浮筹已被主力洗盘出局，若股价企稳回升，后市看涨概率较大。

一、形态描述

回落增量的形态其实类似于下跌增量形态，都是股价下跌成交量放大，不同的是，下跌增量形态指的是整体趋势，而回落增量形态则仅仅指局部的阶段行情。

我们来看一下案例图示，如图 9-7。

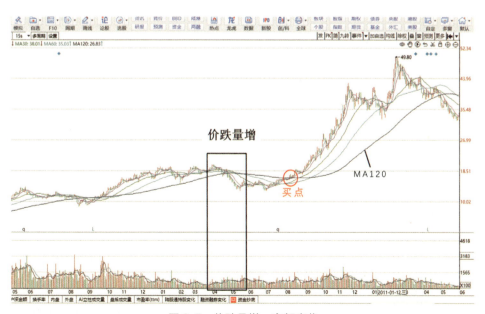

图 9-7　价跌量增，底部兜住

从上面的图示中可以看出，威孚高科（000581）的股价走势4月（黑框）之前一直处于上涨行情之中，但当股价进入4月之后，行情开始大幅回落。

此时，我们看一下其下方的成交量便可发现，该股的成交量在股价下跌的过程中不但没有缩量，反而还出现了增量情况。这说明，在股价回撤的这段时间内，有大量的卖盘清仓出局，主力洗盘效果明显。之后，股价能顺利地大幅上涨，该阶段的洗盘成果贡献较大，后期上涨到49.80元。

三、实战案例解析

案例1：云南白药（000538）

我们来看一下回落增量在现实交易中的表现情况，如图9-8所示。

图9-8　回落增量，主力洗盘

从上面的图示中可以看出，云南白药的股价自左侧11月成功上穿MA120均线之后，便一直处于长期上涨行情之中。当行情运行到次年3月时，其股价出现了震荡回落的走势，并且从下方的成交量指标可以看出，该股在震荡回落的过程中，成交量出现明显增长，属于价跌量增形态，说明该股在震荡回落的过程中，有大量的卖盘成交出局，主力洗盘效果明显。

这种情况一直持续到次年5月底，随着股价的企稳，其成交量逐步呈现出持续增量形态，最终股价重新上穿MA120均线，进入另一波拉升行情之中。

这里，我们要重点指出的是，这种形态有时候也会出现在股价最后一波上涨行情之中，如果行情出现回落增量形态之后，股价没创新高或创出新高不久就开始滞涨反跌，则之前的回落增量形态就属于主力阶段性出货的征兆，即投资者应根据之后的行情走势来进一步确定之前的行情形态，提高自己的分析能力和应对市场的能力。

案例2：美的电器（000527）

我们再来看一下美的电器的一段行情走势，如图9-9所示。

图 9-9　回落增量是获利盘出局现象

　　从上面的图示中可以看出，美的电器的股价在 1 月之前，一直处于上涨过程中，涨至最高 23.6 元。当其股价运行到 1 月时，其走势和成交量的变化出现了并不常见的回落增量形态。这说明，在这个阶段趁着股价的回落，很多获利盘都已清仓出局了。并且，这一点也被之后的另一波大幅回落行情再度证明：从图中，可以看出该股自黑框中 4 月起，再次出现回落，幅度较大，其成交量却在增加，说明这一阶段市场中的卖方力量很大，下跌的阻力已经基本清除。之后股价随着成交量的再度放大而持续上涨，其含义也就不言而喻了。

　　可见，投资者在现实交易中，遇到回落增量形态时，若其股价企稳后，再次回落，出现价跌量缩形态时，则基本是市场浮筹被清理出局的征兆，如果股价能随着成交力量的再次放大，出现价升量增强势形态，顺利上穿 MA120 均线，步入长期上涨趋势，并创出新高，则后市持续上涨的概率便会增大。

四、判断技巧总结

　　在现实交易中，根据回落增量形态判断行情走势时，一定要注意以下几点：

　　1. 回落增量形态一定要出现在 MA120 均线上方的长期上涨趋势之中。

　　2. 回落增量形态出现时，如果股价跌破 MA120 均线，若能在之后随着成交量的增加再度上穿 MA120 均线，则会提升后市上涨的概率。

　　3. 回落增量形态出现后，若之后股价再度回落时出现回落缩量形态时，则说明之前的洗盘是非常成功的，后市一旦上涨，获利的可靠性便会增大。

　　4. 回落增量形态出现时，若股价上涨后无法创出新高或创出新高后没多久便缩量下跌，则说明行情无力上攻，后市转弱概率较大。

　　5. 若回落增量形态出现在股价上穿 MA120 均线不久，并且股价回落时不跌穿 MA120 均线，这说明行情即将进入主升阶段。

第四节　阴线增量

阴线增量形态，属于一种非常明显的洗盘形态，该形态通常出现在阶段性上涨行情的高点，属于阶段性顶部信号。

一、形态描述

阴线增量的基本形态是，股价在某一阶段性高点大幅下跌，形成大阴线、中阴、阴锤头线、十字线、阴螺旋桨线等 K 线形态，并且，其下方的成交量出现大幅度增加，出现阴量柱，甚至是阴巨量形态；该形态出现后，股价通常都会进入阶段性下跌走势。

我们来看一下案例图示，如图 9-10。

从上面的图示中可以看出，庚星股份（600753）的股价自 8 月开始一直处于震荡上涨行情之中，当股价运行到 10 月底时，开始随着成交量的增多价升量增，并创出 4.55 元的高点。

但是，接下来，我们却看到，股价在创下 4.55 元的高点之后，并没有持续原先的上涨走势，而是大幅下跌，在创新高当日收出一根大阴线，当日的成交量也随着股价的收低形成一根阴量柱，阴线增量形态非常明显。此后，股价便快速下跌，步入阶段性跌势之中。

所以，在现实交易中，投资者若遇到此类股价走势时，应增强风险意识，静待行情企稳后再考虑是否值得交易这样的股票，不要急于买入建仓。

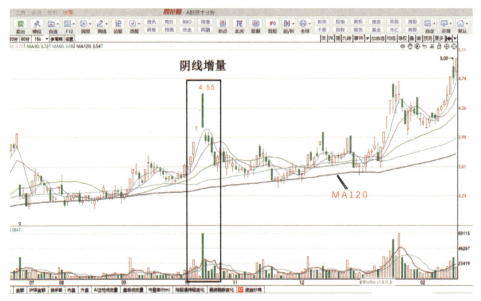

图 9-10　阴线增量高点出货

二、形态含义

　　阴线增量形态，其实也是一种下跌增量的形态，同属于卖方成交密集的征兆，该形态出现时，通常都是主力阶段性洗盘信号，该信号出现时，后市下跌的概率较大。

三、实战案例解析

案例 1：中航沈飞（600760）

　　我们来看一下阴线增量形态在现实交易中的表现情况，如图 9-11 和图 9-12 所示。其中图 9-11 是中航沈飞当年 11 月到次年 7 月的日线行情走势图；图 9-12 是中航沈飞 2008 年至 2011 年的一段日线行情走势图。

　　从图 9-11 中可以看出，中航沈飞的股价自 2008 年 2 月（黑框）上穿 MA120 均线没多久，就出现了阴线增量形态，尽管股价有下跌，但并没有跌

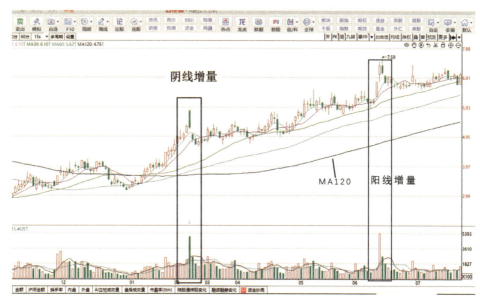

图 9-11　中航黑豹阴线增量走势

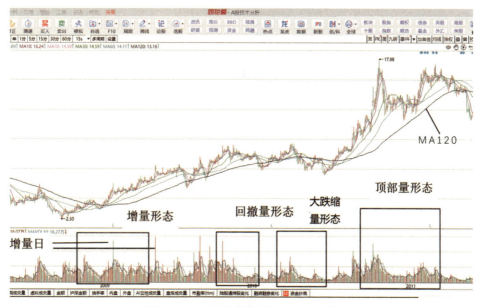

图 9-12　中航黑豹缩量整理上行走势

破MA120均线，而是在MA120均线上方震荡上行，并最终上涨到7.59元的高点。

我们再来看一下中航沈飞的整体走势以及构成该股整体形态的每个阶段。

从图9-12可以看出，中航沈飞的股价自2008年10月低点2.30元出现之前，就已经出现增量现象。低点确立后，股价开始价升量增，成功上穿MA120均线，并在上穿MA120均线不久，创出阶段性高点的当日，在3月出现阴线增量形态（增量日），说明股价在创新高的当日，有大量的卖盘成交，多头毫无抵抗之力，主力洗盘成果明显。

随后，股价开始长期震荡上涨，于2009年12月到2010年3月，形成回撤量形态（第二个黑框）。可以看出，该股在回撤量出现之前，成交量密集增加，形成一个非常明显的量带。接下来，随着回撤量形态的结束，股价刚刚创出新高，就再度下跌，并跌破MA120均线，形成大跌缩量形态（第三个黑框）。最终，随着大跌缩量形态的结束，股价重新返回MA120均线上方，进入新一轮上涨走势之中，创下17.98元的高点。没过多久，股价便开始再度下跌，并形成顶部量形态（第四个黑框），进入顶部下跌阶段。整波行情的底部和顶部运行过程一览无余。

所以，投资者在实践学习时，不但要深入研究各种股价和成交量的局部走势形态，还要有全局观，要深入全面地研究股价走势的整体构成，解析行情走势每一个阶段的运行机理和形态特征，将局部和整体相互融合，综合考虑，才能更加有效地提升投资者的辨市能力。

案例2：实达集团（600734）

我们再来看一下实达集团的一段行情走势，如图9-13所示。

从图示中可以看出，实达集团的股价自见底后上涨以来，成交量一直顺应股价的上涨稳定增加。当行情运行到12月时，随着该股的重新复牌，股价在复牌当日快速上涨，然而没过多久，就逆转下跌，形成阴线增量形态，当日以阴线报收。说明在复牌当日，有大量的卖盘涌出，卖方成交非常踊跃，并且股

图 9-13　实达集团复牌几天后巨量阴跌

价出现跌停现象，说明空头力量巨大。

　　因为该股当时正处于上穿 MA120 均线的初期，并且在出现阴线增量形态不久又能很快企稳，所以，我们可以判断，之前该股在复牌当日出现的阴线增量形态，其实是主力刻意而为的一个洗盘信号。

　　可见，在现实交易中，善于利用之后的行情走势来确认之前的形态属性，将有利于投资者做出更加正确的投资决策。甚至，很多时候，即使投资者对所关注的股价走势形态有了初步的确认，但利用行情之后的现实走势来对其进一步确认，也是必需的，因为，通过之后的行情走势对之前的股价形态进行二次再确认，不但可以提升投资者对行情形态构成的认知，关键是它能坚定投资者的买入信心和持有信心。缺乏必要的后市验证，缺乏必要的再论证，投资者的持有信心很容易被市场谣言和股价的随机波动所动摇。

四、判断技巧总结

在现实交易中，根据阴线增量形态判断行情走势时，一定要注意以下几点：

1.阴线增量形态，应出现在MA120均线上方股价进入长期上涨趋势的初期，才属于主力洗盘的信号。

2.阴线增量形态，如果出现在市场高位顶部信号形成之后，这通常都是股价见顶，主力出货的信号。

3.阴线增量形态出现时，股价不宜跌破MA120均线，如果跌破了，但能很快返回 MA120 均线上方，则该信号依然有效。

4.阴线增量形态出现时，其当日的股价K线可以是大阴线、中阴线、小阴线、锤头线、十字线、螺旋桨线等众多预示股价见顶的 K 线形态。

5.阴线增量形态出现时，股价应处于短期的阶段性高点。

第五节　回调缩量

回调缩量形态，也是一种非常可靠并有效的主力洗盘形态，该形态出现时，通常预示着主力洗盘效果明显，后市一旦企稳，则持续上涨创出新高的概率就会增加。

一、形态描述

回调缩量形态，其实也属于一种回撤量形态，其不同点是，回撤量形态有可能出现在股价脱离 MA120 均线之后很高的位置，甚至股价在经历过阶段性大涨之后的每一次回撤，都可以称为回撤量，属于一种广义上的行情形态。

而回调缩量形态则必须出现在股价上穿 MA120 均线之后的第一波或第二波回撤中，即，回调缩量形态，其实属于回撤量中的一种，只不过回调缩量属于一种相对明显的主力洗盘行为。

　　我们来看一下回调缩量形态在现实交易中的表现情况，如图 9-14 所示。

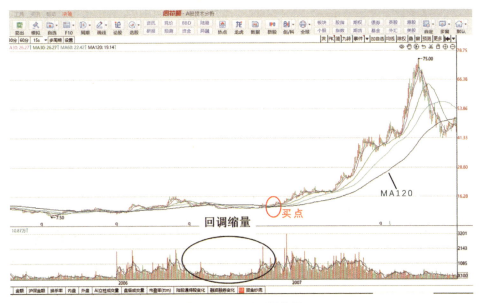

图 9-14　U 形回调缩量

　　从图示中可以看出，华阳股份（600348）的股价自 7.5 元的最低价成功上穿 MA120 均线之后，便开始价升量增震荡上行，形成一个明显的地量量带。

　　但当股价运行到 2006 年 5 月时，行情开始停滞不前，并随着成交量的萎缩开始震荡下行，形成 U 形回调缩量形态。这说明，该阶段主力洗盘效果明显，没有流动浮筹大量涌出。

　　这种情况一直维持到 11 月才有所改观，并随着股价的逐步企稳上穿 MA120，成交量也开始二次放量，推动股价向上运行。

二、形态含义

　　回调缩量形态出现时，意味着股价短期上涨过度，市场中出现过多获利盘，主力为了让这些获利盘清仓出局，以免他们在后面的拉升过程中大量涌出影响拉升效果，所以采用在长期上涨趋势形成初期的相对高位打压股价的方法，迫使那些信心不够坚定的投资者因担心利润尽失而套现出局。所以，当股价走势形成回调缩量形态时，后市一旦价升量增再创新高，行情进入主升阶段的概率便会大增。

三、实战案例解析

案例1：宝塔实业（000595）

我们来看一下回调缩量形态在现实行情中的表现情况，如图9-15所示。

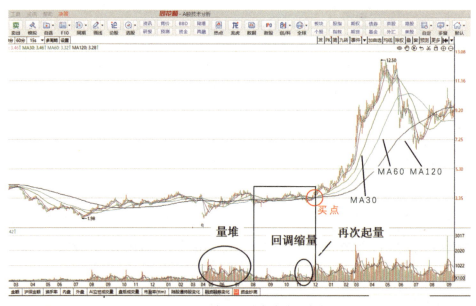

图9-15　回调缩量，筑底成功再次上涨

从上面的图示中可以看出，宝塔实业的股价自7月创下1.98元的低点后，开始企稳回升，并于当年9月成功上穿MA120均线。从其下方的成交量指标可以看出，该股的成交量自8月开始就小幅增量，说明有主力在此阶段悄悄吸筹。当股价成功上穿 MA120 均线之后，行情开始价升量增，出现量堆形态，说明主力正在大量地买入股票建仓，后市若能持续走强，则股价上涨的概率就会大增。

接下来我们看到，股价运行到次年 8—11 月（黑框），开始滞涨回落，其下方的成交量也顺应股价的下跌与股价走势相互对应，形成回调缩量形态。这说明，在该阶段，主力已经停止了持续买入股票拉升股价的行为。在只有获利抛盘而没有大量买盘的情况下，股价很容易下跌，并形成缩量形态。

随着长期回调的结束，于 12 月前后，宝塔实业的股价再次放量上涨，最终步入主升阶段，并创下 12.50 元的高点，上涨幅度达到 100% 以上。

案例 2：华夏幸福（600340）

进入 2024 年，房地产企业面对全面不乐观前景，很多房地产上市公司面临退市风险，其中就有当初非常红火的华夏幸福。我们再来重温一下华夏幸福（600340）当年一段风光行情的走势，如图 9-16 所示。

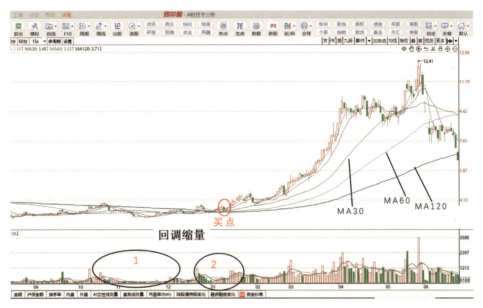

图 9-16　两次回调缩量验证底部

从上面的图示中可以看出，华夏幸福的股价在进入长期上涨趋势的 2006 年初，曾出现两次回调缩量形态，直到 2007 年 2 月才创出新高。随着行业的井喷式发展，价升量增的强势形态出现，该股在 2007 年进入长期上涨趋势。

图中，该股出现两次回调缩量形态的原因很容易理解，那就是主力在第一次洗盘（1）并不成功，只得再重复一次洗盘的过程。所以，在现实交易中，投资者应注意的一点是，当回调缩量形态出现时，其成交量的变化并不明显，回调缩量时成交量萎缩的幅度较小，二次起量时成交量增加的幅度不够大，就要时刻警惕主力进行 2 次洗盘。有时候，可能是重复一次回调缩量的形态；有时候，可能是阴线增量形态；有时候，也有可能是大跌缩量形态。

总之，投资者应该将上述各种主力洗盘的形态特征都牢牢记住，以防不同的股价形态在现实行情中随机出现、随机转化。在现实交易中，投资者所记住的股价走势形态越多，在面对股价走势出现不同变化时，就越能准确应对，并做出正确的决策。

四、判断技巧总结

在现实交易中，根据回调缩量形态判断股价的走势，应注意以下几点：

1. 回调缩量形态应出现在长期上涨趋势的初期，即，股价上穿 MA120 均线之后的第一波或第二波回撤行情中。

2. 回调缩量形态出现时，其之前出现的量堆和量带越大，回调缩量的幅度就越大，其可靠性也越高。

3. 回调缩量形态出现时，如果股价跌破了 MA120 均线，若能在短期（3 个月）内重返 MA120 均线，并在重返 MA120 均线阶段价升量增，该形态依然有效。

4. 回调缩量形态出现后，股价二次放量上涨时，若不创新高就再次下跌，并价跌量缩，说明该股后市有可能进行二次洗盘，甚至出现大幅度的下跌。

第十章

主力诱多成交量形态

这一章，我们讲述主力诱多时常用的一些基本方法和形态，以便投资者能在现实交易中识破骗局，规避风险。

第一节　急涨增量

急涨增量通常是主力短期出货的诱多形态，该形态出现时，通常预示着主力手中有大量的短期获利盘，需要在一个相应的高点出货兑现，以便进行新的布局。

一、形态描述

急涨增量形态的基本特征，是成交量随着股价的短期快速上涨而大幅放量，成交量通常以量柱的形式出现。

我们来看一下案例图示，如图 10-1。

图 10-1　量堆急涨拉高出货

从上面的图示中可以看出，旭光电子（600353）的股价自 3 月以来一直处于震荡上涨阶段；当行情运行至 4 月下旬时（黑框），行情开始出现阶段性急涨形态，并创出 20.41 元的高点，之后股价低开低走，收出长阴线，进入下降行情。

从图中黑框看该股的成交量和股价的配合情况就会发现：股价在上涨过程中，其成交量是大幅放大的，并且在上涨的最后一个交易日，股价跳空上涨时，下方的成交量出现了一根大的单量柱。用我们第一章中学到的量柱知识可以知道，大的单量柱出现后，成交量萎缩，通常是市场买方力量过分消耗的征兆，后市股价下跌的可能性会增加。在这里，形态再一次印证了这一点，追高到顶部就有风险。

二、形态含义

急涨增量形态出现时，意味着主力该阶段正在大量买入拉升股价，为之后

出现的阶段性出货行为建立条件，预留空间，所以，该形态出现时，后市下跌
的概率较大。

三、实战案例解析

案例 1：恒丰纸业（600356）

我们来看一下急涨增量形态在现实交易中的表现情况，如图 10-2 图所示。

图 10-2　长期下跌趋势突然拉高走势

　　从上面的图示中可以看出，恒丰纸业的股价正处于多条均线的下方运行，
属于明显的下跌趋势，而且成交量接近地量，这是一个非常不利的信号。当
股价运行到 8 月初时，股价开始阶段性企稳，并出现小幅度反弹。此时我们
看到，该阶段的成交量并没有放大多少，说明市场的买方人气并不浓厚。到
8 月底，当股价经过小幅回撤而快速上涨时，其成交量也出现了大幅度的增加，
形成多量柱形态（黑框），说明该阶段市场中突然出现大量买盘，主力在释

放做多信号。

简单分析便可知道，这些大量的买盘不可能是散户所为，因为散户不可能在这么短的时间内突然集聚，所以主力诱多的可能性非常高。在这样低迷的市场中，想要出掉手中的获利盘或套牢盘并不容易，趁着市场不活跃的时候拉升股价不但成本低廉，还可以激发市场人气，吸引短线客跟风。这样操作是惯用手法，不但可以在一个相对高的位置把手中的筹码卖给短线客，还可为之后的再次出货留出更大的空间。

可见，在市场低迷的时候，以急涨增量的形态出现的短期上涨，基本属于主力诱多出货的信号，投资者在这个时候，特别是股价正处于长期下跌阶段（股价在 MA60、MA120 均线的下方运行），不宜追高买入急涨股。

案例 2：华阳股价（600348）

我们再来看一下华阳股价一段行情的走势，如图 10-3 所示。

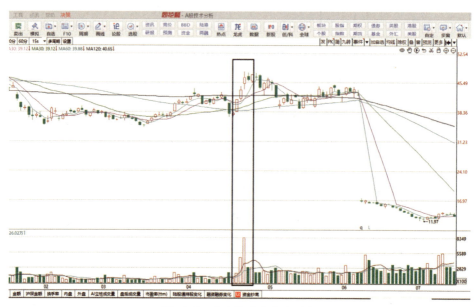

图 10-3　主力拉升在高点诱多

从图示中可以看出，阳泉煤业的股价自 3 月企稳回升以来，成交量一直处于小幅增长阶段；但当股价运行到 4 月下旬时（黑框），其股价和成交量的形态出现了急剧变化，股价快速上涨，成交量大幅增加，形成一长一短的双量柱形态，创下新高点。

接下来我们看到，随着股价见顶回落，该股的成交量也开始随着股价的滞涨大幅回落，说明市场中的买方人气突然消失了，主力经过前几日的快速拔高之后，已经有了更大的出货空间，开始在这个位置等待新买家的出现，诱多特征特别明显。

所以，现实交易中，投资者切不可见到价升量增就误认为是市场人气被激活的看多信号，并急不可耐地鲁莽入市，而应该结合一下长期的股价和成交量的整体形态综合判断，不要一见到价升量增就认为行情走强。

四、判断技巧总结

在现实交易中，根据急涨量增形态判断行情走势时，投资者一定要注意以下几点：

1.急涨量增形态既可以出现在股价的上涨阶段，也可以出现在股价的下跌阶段。

2.急涨量增形态出现时，急涨之后的成交量萎缩幅度若比之前萎缩阶段的成交量更少，则行情诱多下跌的可能性会增大。

3.急涨增量形态出现时，股价自最高点大幅回落，形成阴量柱或第二日出现大幅下跌，甚至出现 K 线形态中的见顶信号，行情诱多下跌的可能性也会增大。

4.急涨增量形态若出现在 MA120 均线下方，并受到多条均线的压制，行情诱多下跌的可能性最高。

5.在长期下跌阶段，急涨增量形态连续出现时，该股持续下跌的可能性也会增大。

第二节　价涨量平

价涨量平形态是指主力在行情上涨的初期将股价拉高之后，就始终保持这种状态，说明市场中的买方人气比较低迷，跟风盘并没有达到主力的预期。

一、形态描述

价涨量平形态的基本特征是，成交量在股价出现阶段性上涨的初期价升量增，但之后却出现成交量不变甚至萎缩的情况。

我们来看一下案例图示，如图 10-4。

图 10-4　价涨量平，拉升后迅速出货

从上面的图示中可以看出，ST通葡（600365）的股价自3月开始企稳回升，并出现价升量增现象，但当股价运行到4月下旬时（黑框），其行情出现了比较明显的变化，成交量在股价上涨的先期增幅较大，而当到了股价上涨的后期，则出现萎缩和走平现象，并随着股价创出15.47元的高点后，阴线多头排列，股价开始快速下跌。

在快速下跌阶段，我们可以看出，其成交量一直呈阴线量，并没有一点萎缩的迹象，这说明，有大量的卖方抛盘在股价下跌的5日内出手。

之后，我们看到，该股自5月之后再次震荡上涨，但走势已显疲态，根本就没有实质性的涨幅。在现实交易中，这种走势形态本来就让人担忧，接下来的再次下跌，便直接回应了这段行情走势的空头特性。

可见，在现实交易中，投资者若遇到价涨量平形态时，如果其之后又出现了上攻乏力的走势，则后市持续下跌的概率便会加大，投资者应增强风险意识，一旦市场走势变差，就应及时减仓或平仓出局，规避风险。

二、形态含义

价涨量平形态出现时，通常都是市场跟风盘不利的征兆，该信号出现时，通常意味着后市走势堪忧，属于一个看空后市的危险信号。

三、实战案例解析

案例1：江西铜业（600362）

我们来看一下价涨量平形态在现实交易中的表现情况，如图10-5所示。

从图示中可以看出，江西铜业的股价在前面三分之二部分一直处于长期上涨趋势中，但当其股价运行到1月下旬时（第一个黑框），行情出现了微妙的变化：股价在上涨的初期成交量跟随增加，但当股价持续上涨时，成交量却并未持续增长，而是出现了萎缩，这种情况一直持续到2月上旬。

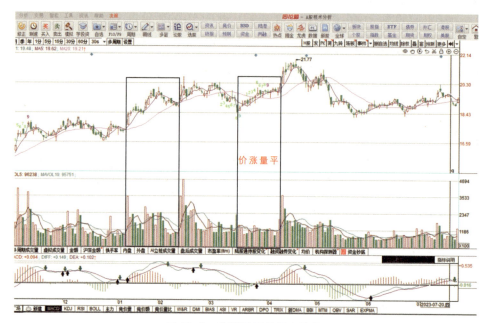

图 10-5　价涨量平的两个阶段

重点来看价涨量平的情况。随着股价震荡回撤，并于 3 月中旬上涨（第二个黑框），但从其股价走势和成交量的变化中，我们看到了价涨量平形态的出现，股价在上涨成交量并不跟随上涨，并且即使在创新高的时候，其成交量也没有有效地放大。这说明，在该阶段内市场中的买方人气正在渐渐变弱，股价上涨乏力，还有可能是主力控盘的迹象。

所以，在现实交易中，投资者若遇到类似行情走势时，一定要随时留意行情的走势，一旦情况不利，股价下跌，则应及时获利了结，特别是价涨量平形态出现在股价大幅上涨之后的顶部区域，如果这种形态连续出现，通常都是行情走势不佳、主力诱多出货的下跌信号。

案例 2：新农开发（600359）

我们再来看一下新农开发一段行情的走势，如图 10-6 所示。

图 10-6　价升量平的两种涨势，拉高出货

从上面的图示中可以看出，新农开发的股价冲到 19.68 元高点后，进入下跌阶段，股价高点一波低于一波。

从图中我们可以清楚地看到，新农开发的股价自 4 月下旬开始企稳回升，波段性涨势非常明显。然而，从其下方的成交量指标（第一个黑框）可以看出，该股虽然在上涨初期成交量大幅放大，但之后却停止放大，这种情况持续了没多久，股价走势就开始由涨转跌，5 月中旬到 6 月进入更大一波下跌之中。

直到 6 月下旬，行情才有了点起色，于当月下旬再次企稳回升，成交量再一次出现明显增大，成交量和股价的走势形态再一次呈现出价涨量升的形态（第二个黑框）。只是，到顶之后，成交量并没有随着股价的上涨而持续增加，而是开始走阴了。这说明，市场中的跟风盘根本就没有多少；如果跟风盘很多的话，成交量应持续增加，甚至推动股价创出新高，但在这里并没有出现这种情况。所以，此时主力趁着市场大势反弹的契机，拔高出货的可能性就进一步增大，后续乏力。

在现实交易中，投资者若遇到这样的行情形态时，应特别留意股价接下来的走势，一旦股价走势变差，投资者只宜平仓出局而不宜追高买入股票建仓。

四、判断技巧总结

在现实交易中，根据价涨量平形态判断行情走势时，一定要注意以下几点：

1. 价涨量平形态既可以出现在长期上涨趋势中，也可以出现在股价长期下跌的趋势中。

2. 价涨量平形态出现时，若股价正处于 MA120 均线下方，并受多条均线压制，后市诱多下跌的可能性就会增大。

3. 价涨量平形态出现时，如股价不创新高就逆转下跌，并出现成交量萎缩的情况，则后市持续下跌的可能性也会增大。

4. 价涨量平形态出现时，如果股价自最高点下跌，并收成大阴线，甚至出现 K 线形态中的见顶信号，后市下跌的概率会增大。

5. 价涨量平形态如果连续出现，主力诱多出货的概率将大增。

第三节　微涨增量

微涨增量，属于一种弱势形态，即股价微幅上涨，但成交量却出现增加。该形态出现时，意味着股价虽然正处于上涨阶段，但主力正在趁着价格上涨的时机逆市卖出，同样属于诱多出货的范畴。

一、形态描述

　　微涨增量的形态特征，是成交量增长明显，但股价的上涨幅度却微乎其微，缺乏力度。

　　我们来看一下案例图示，如图 10-7。

图 10-7　微幅增量，长期走势疲弱

　　从上面的图示中可以看出，*ST 海越（600387）的股价在前面三分之二走势中，一直处于上涨之中，但当股价创出 16.70 元高点后，成交量开始随着股价的回落大幅萎缩。随后，股价便震荡下滑，并于次年 2 月初企稳回升。

　　在黑框中，我们看到，该股上涨的幅度只有 10% 左右，但持续的时间却达到 2 个月，即典型的价格微幅上涨但成交量却大幅增加的形态，虽然其形态也呈现出价升量增的强势特征。由于其上涨的幅度太小，也没有创出新高，在局部上符合了微涨增量的形态特征。

然而，如果我们放弃其局部的认识，纵观整波行情的全部走势，便可明显看出该段行情的整体走势已经呈现出价跌量缩形态和二次缩量形态，无论从局部还是从整体都呈现出走弱的迹象。

二、形态含义

微涨增量形态属于一个逆市出货的诱多信号，该形态出现时，意味着有大量卖家在趁着股价上涨的良机，高位出货，如果之后，股价不创新高，后市下跌概率较大。

三、实战案例解析

案例 1：金地集团（600383）

我们来看一下微涨增量形态在现实交易中的表现情况，如图 10-8。

图 10-8　微涨增量，后续偏弱下跌

从上面的图示中可以看出，金地集团的股价自 5 月到 8 月一直处于上涨走势之中（最左侧）。当股价运行到 7 月底时，成交量开始增量上涨，股价创下 20.30 元的高点后，行情开始逆转，价格急转而下，并且下方的成交量也呈现出萎缩形态，卖盘占优。

当行情运行到 9 月前后时，股价开始止跌企稳，经过小幅回撤之后再度返升，到 10 月出现增量现象（黑框中）。但从其股价的走势和成交量的形态来看，股价仅仅维持了不到一个月的涨幅，就开始在高位长期横盘微涨，形态明显偏弱，并且股价在其横盘微涨阶段，成交量再次出现放量。这说明，股价在横盘阶段，市场中有大量的抛盘成交。所以，此时我们应将该形态理解为后市堪忧的诱多信号，而不应当成是行情转好的买入信号。

之后，我们看到，该股并没有创出新高就再次下跌，说明之前的上涨并没有扭转股价即将下跌的局势，反而进一步印证了之前微幅增量的诱多结论，属于非常明显的平仓信号，宜尽快了结。

案例 2：健康元（600380）

我们再来看一下健康元一段行情的走势，如图 10-9。

从图示中可以看出，健康元的股价走势自当年 11 月底开始价升量增步入强势，并创出 29.80 元的高点。在该股创出高点的当日股价并没有持续上涨，而是大幅下跌，并以大阴线收盘，成交量也变成了阴线量柱，属于 K 线形态中的大阴线下跌信号，明显有很多卖盘在当日出局。

接下来，我们看到，随着股价的下跌，其成交量也逐步萎缩，这种情况一直持续到 2 月初。随后，行情便开始随着成交量的增加出现小幅度的上涨（黑框中），但从其股价上涨的幅度和成交量增量比例就可发现，股价的涨幅只有 10% 左右，而成交量却出现了大幅度的增量。更重要的是，在这轮上涨中，股价未创新高就下跌，属于明显的顶部量形态，还出现了一根单阴线量柱，说明在该阶段，特别是出现阴量柱的当日，市场中有大量的卖盘出局。

图 10-9　微涨增量后的大阴出货信号

由此可以判断，之前行情出现的阶段性上涨，其实属于一个主力诱多的卖出信号，投资者若在之前买入了股票，此时就是一个逢高出局的平仓信号；若固执己见，盲目持仓，将会遭受大幅度的亏损。

在现实交易中，判断微涨增量形态时，通过之后的行情下跌来验证之前的判断，胜算会更高一些，这也是投资者应了解的一种实战技巧，要用股价的现实走势来验证之前的股价信号。

四、判断技巧总结

在现实交易中，根据微幅增量形态判断行情走势时，一定要注意以下几点：

1.微涨增量形态出现时，如果股价在高位已经出现其他长期走弱的信号，则股价见顶回落的概率将会增大。

2.微幅增量形态出现时，股价不创新高就下跌，其后市走弱的概率也会加大。

3. 微幅增量形态出现时，若增量过程中出现阴单量柱，诱多出货的可靠性就会进一步提升。

4. 微幅增量形态既可出现在股价的底部，也会出现在股价长期下跌的反弹过程中。

第四节　新高缩量

新高缩量形态属于一种高点回落的信号模式，该形态通常出现在股价走势的最高点，属于一种概率较高的见顶信号。

一、形态描述

新高缩量形态的基本特征是，股价创出新高之后快速回落，并且，其最主要的特征就是成交量也顺应股价的下跌出现大幅度的萎缩。

我们来看一下案例图示，如图 10-10。

从图示中可以看出，江山股份（600389）的股价自 4 月至 5 月初（黑框），一直处于上涨走势之中，在股价上涨过程中，也呈现出明显的价升量增势态，还拉出了涨停板。

当行情运行到 5 月初，股价创出 17.80 元的高点时，行情开始风云突变，出现快速见顶下跌的迹象，股价在新高当日以大阴线报收，形成阴量柱，没有延续原先的上涨势头。而且，在之后的几个交易日中，其成交量也出现了明显的萎缩（黑框中），说明市场中的买方力量较弱。

随后，股价便持续回落，大幅走低，出现将近 50% 的跌幅。

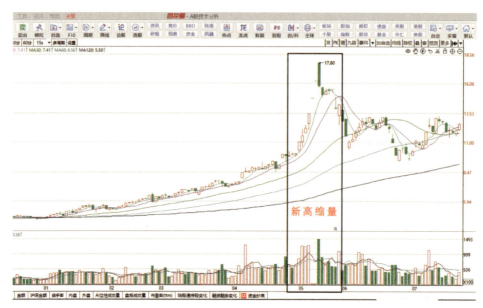

图 10-10　见顶大阴线，迅速砸盘

二、形态含义

高点缩量形态，属于股价快速逆转的见顶信号，该形态出现时，意味着市场中的买方力量突然消失，进而印证了之前的股价上涨只不过是主力诱多出货的卖出信号。

三、实战案例解析

案例 1：五矿资本（600390）

我们来看一下新高缩量在现实交易中的表现情况，如图 10-11 所示。

从图示中可以看出，五矿资本的股价走势自 1 月下旬开始便进入一波中期上涨行情之中，在股价上涨阶段，该股曾出现两波小幅度的滞涨回撤走势。

当股价运行到 3 月底时，行情再一次滞涨回撤，股价小幅回落，成交量却大幅减少，说明该阶段市场的买入意愿和卖出意愿都不强烈。

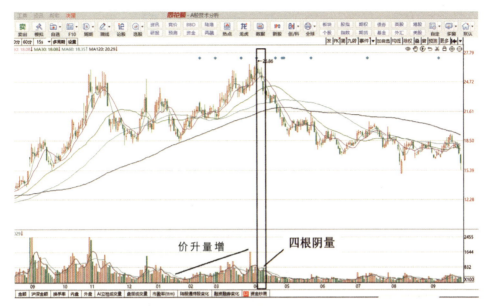

图 10-11　新高缩量出现四连阴砸盘

　　随着股价的逐步企稳，其下方的成交量再次增加，并出现一根阳量柱（黑框中），说明这一天市场中交易活跃，有大量的股票成交，但也说明多方买盘集中爆发。

　　接下来，其股价走势便有力地证明了这一点，股价在之后的几个交易日微幅上涨，并在创出 26.86 元的高点当日就出现了下跌，随后便是持续四天的阴线下跌。在持续下跌的四个交易日中，整体而言该股成交量是萎缩的，但在股价持续下跌的四个交易日中的成交量却是明显放大的，说明在这四天中有大量的卖盘成交，股价走势堪忧。

　　之后，我们看到该股自新高缩量之后，其股价便持续下跌，步入长期下跌通道。

案例 2：盛和资源（600392）

　　我们再来看一下盛和资源一段行情的走势，如图 10-12 所示。

图 10-12　量峰到量坑的下行转变

从上面的图示中可以看出，盛和资源的股价自 9 月创下 19.28 元的低点后，便止跌回升，步入上涨阶段。从其下方的成交量指标可以看出，股价在上涨过程中，其下方的成交量也随着股价的上涨呈现出价升量增的强势形态，这种情况一直持续到 11 月初。

随着股价创出 32.70 元的新高，股价开始快速下跌，并且，其下方的成交量也出现明显萎缩，形成一个量峰到量坑的形态（黑框中）。在前面有关量峰的章节中，我们已经提到，当量峰形态出现时，其本身就意味着市场多方人气开始消散，后市上涨的动力不足。在这里，量峰形态伴随着新高的出现，形成新高缩量形态，其股价见顶回落的可能性则进一步增加。所以，股价在后期形成微涨增量形态后下跌，也是理所当然的结果。

可见，投资者在现实交易中，遇到量峰与新高同时出现，并形成新高缩量形态时，应提高警惕，及时考虑减仓或平仓出局，而不宜追涨买入。

四、判断技巧总结

在现实交易中，根据新高缩量形态判断行情走势时，投资者一定要注意以下几点：

1.新高缩量形态既可以出现在行情上涨的最高点，也可以出现在长期上涨行情中的阶段性高点和长期下跌行情中的阶段性高点。

2.新高缩量形态出现时，若其下方的成交量呈现出量峰形态，并且量峰的高度越高（即成交量放大的幅度越大），缩量的幅度越大，其可靠性越高。

3.新高缩量形态出现时，若创出新高的当日是以阴线收盘的，并且当日股价下跌的幅度越大，其后市持续走低的可能性越高。

4.新高缩量形态出现时，若其下方出现量柱形态，则可靠性也会增大，并且阴量柱要比阳量柱更可靠。

第五节　反弹增量

反弹增量形态，属于一种非常常见的诱多形态，这种形态通常出现在股价长期下跌的熊市之中。该形态出现时，通常都是投资者逢高出货的风险信号。

一、形态描述

反弹增量形态的股价走势非常容易确认，其基本特征就是，股价正处于MA120 均线下方运行，并且 MA60、MA60 也处于 MA120 均线下方运行，此时股价突然出现上涨走势，并且价升量增。

我们来看一下案例图示，如图 10–13。

图 10-13　反弹增量并未改变下跌趋势

从上面的图示中可以看出，大有能源（600403）的股价自 3 月 14.40 元高点跌破 MA120 均线之后，一直处于长期下跌趋势中；但当股价运行至 4 月下旬时，行情开始企稳回升，出现一波幅度不大但为期较长的反弹走势（这种形态其实也就是上面所讲述的微涨增量形态），并且股价在阶段性的最高点出现阴线、单阴量柱形态（该形态属于前面刚讲过的高点缩量形态），股价阶段性见顶形态早已形成。所以，大有能源的这波反弹行情，早就注定了下跌的命运。

二、形态含义

反弹增量形态出现时，通常意味着市场主力正在借助大势的短期向好拉升股价，为之后的持续出货创造空间。所以，该形态出现时，一旦反弹结束，成交量萎缩，后市下跌的可能性就会大增。

三、实战案例解析

案例 1：抚顺特钢（600399）

我们来看一下反弹增量形态在现实交易中的表现情况，如图 10-14 所示。

图 10-14　下跌趋势的反弹增量，力量有限

从上面的图示中可以看出，抚顺特钢的股价 1 月以来一直处于长期下跌趋势中，但当股价运行至 7 月初时，行情开始企稳回升，并伴随着成交量的放大出现一波幅度不大，为期较长的反弹走势（微涨增量形态）。这种形态一直持续到 2008 年 7 月底股价创出阶段性高点之后。

从图中可以看出，股价在创出阶段性最高点时，第二个黑框下方的成交量却呈现出双量柱形态（黑框中一根阳量柱和一根阴量柱），说明股价在新高阶段，市场中的交易是非常活跃的。然而，这种情况并没有持续多久就结束了，随着卖方抛盘，成交量萎缩，股价也开始大幅下跌，形成地量形态，股价再次进入持续下跌的熊市之中，最终跌至 2.59 元。

可见，在现实交易中，投资者若发现股价在长期下跌过程中出现反弹增量形态，而该形态又与其他诱多信号相应出现，则后市再度下跌的可能性便会大增，此时投资者只适宜逢高减仓或平仓出局，而不该一厢情愿地大举建仓。

案例 2：小商品城（600415）

我们再来看一下小商品城一段行情的走势，如图 10-15 所示。

图 10-15　反弹量增价涨诱多信号

从上面的图示中可以看出，小商品城的股价于 3 月到达 37.28 元高点，在 4 月底下穿 MA120 均线后，进入长期下跌的走势。但当行情运行到 6 月下旬时，股价跳水后出现阶段性反弹，并且成交量也随着行情反弹出现增长（黑框中）。

然而，从图中我们可以看出，该形态既符合我们本节所讲述的反弹增量形态，也符合我们上面所讲述的价涨量平形态和微涨增量形态，符合多种见顶诱多信号的特征。所以，该股之后出现下跌走势也就不足为奇了。

在这里，我们需要提醒投资者的是，在现实交易中，投资者应对所有的股价走势特征和成交量变化特征多做研究，加强记忆，并在现实交易中，将所有的方法和形态融会贯通相互印证，只有这样，投资者的辨识能力才会得到大幅度提高，进而提升投资成功率。

四、判断技巧总结

在现实交易中，根据反弹增量形态判断行情走势时，投资者一定要注意以下几点：

1. 反弹增量形态应出现在股价长期下跌的走势之中，即股价处于 MA120 均线下方运行，并且，反弹阶段，股价不上穿 MA120 均线。

2. 反弹增量形态出现时，若其成交量形成量峰形态，一旦股价下跌，其股价再创新低的概率便会增加。

3. 反弹增量形态结束时，成交量萎缩的幅度越大，其后市下跌的可能性就越大。

4. 反弹增量形态若伴随着其他同类预示顶部的形态出现，后市下跌的概率也会加大。

5. 反弹增量形态出现时，其成交量中出现阴巨量形态或单阴量柱形态，也会增大其后市下跌的概率。

6. 反弹增量形态出现时，若受到 MA30、MA60 或 MA120 均线的压制，其回落的可能性会进一步增加。

微信扫码添加同花顺陪伴官小顺
获取更多图书增值服务

第十一章

同花顺量价组合经典形态

前文讲过价升量增、价升量缩、价跌量增、价跌量缩的一般形态，因这四个形态是量价分析中的经典形态，过去、现在和将来都会反复重复多次，再多的讲解，都感觉很难讲述透彻，读者只要理解本质即可。本章再次细致地讲解量价形态中的经典组合及其特征。

第一节　再论价升量增形态

价升量增，是指在股价上涨的时候成交量也在随着股价的上涨而增加，这种形态通常都会被市场人士理解成最具实质性的上涨，特别是行情要突破某一阻力关口或创出某一新高时，这种价升量增的形态通常都是交易者辨别突破和新高真假的重要依据之一，其理论依据就是：只有足够的购买力，才能产生更高的价格。这足以见得价升量增形态在技术派交易者心目中的地位。

在这一节中，我们要讲述的是一种在牛市中胜算最高的价升量增选股方式，这种价升量增的形态方式不同于其他形态的价升量增，这种价升量增形态是在 MA120 均线的上方形成的，当行情步入长期上升趋势之后，一旦形成这种形态，往往预示着后市有可能会出现一波幅度较大的涨幅。

我们先来看下图 11-1 和图 11-2。

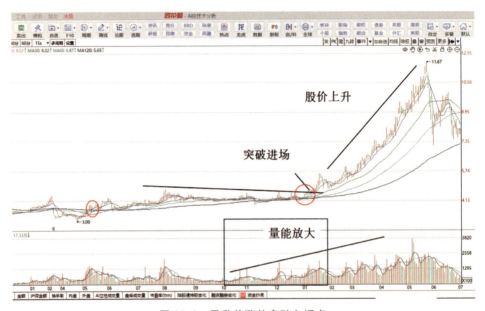

图 11-1　量升价涨的突破入场点

从上面的图示中我们可以看出，深康佳 A（000016）的股价左侧突破 3.00 元后上穿 MA120 均线之后，出现了一波为期半年的回调走势，但在回调的后半部分，我们看到行情在此过程中，其下方的成交量呈现出逐渐增量的形态（黑框），这说明市场中有人在此时不断买入深康佳 A。随着成交量不断递增，股价也开始逐步上升，并最终突破趋势颈线，步入上涨阶段。从图中我们能清楚地看到，股价在上涨的过程中，其成交量依然在不断增多，显示出买方的踊跃，这是积极的买入信号。

所以，在现实交易中，交易者若发现此类股价走势时，应当注意把握机会。

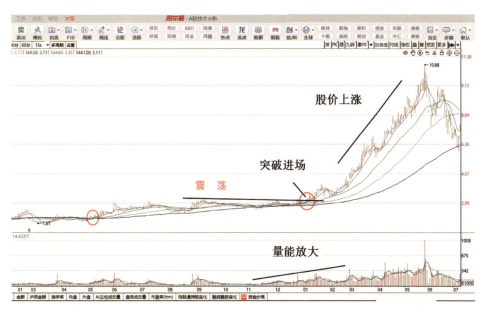

图 11-2　量升价涨突破 MA60 的买点

从上面的图示中我们可以看出，*ST 旭蓝（000040）的股价在上穿 MA120
均线之后，自 5 月开始，出现了一波为期半年的横盘整理走势，与图 11-1 深
康佳 A 一样。在其回调的后半部分（红圈处是回撤买点），其下方的成交量
也呈现出逐渐递增的形态。随着成交量不断增加，股价开始逐步上升，并最终
突破趋势颈线，步入上涨阶段。

第二节　再论价升量缩形态

价升量缩形态是指股价在不停地上升，但其下方的成交量却在逐步萎缩。

有经验的交易者知道，股价在不断上涨的初期，通常会出现价升量增的现象，但当股价不断攀升，达到一定高度时，其购买力就会下降，此时最明显的行情现象就是股价在上升，但成交量却在不断减少，这就是我们本节要讲的价升量缩形态，即一种预示市场购买力下降的信号。我们先来看一下图11-3。

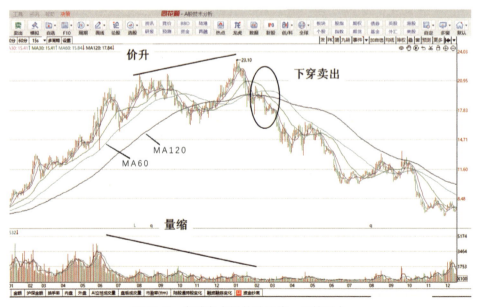

图11-3　突破高点后价升量缩，后续乏力

　　从图示中我们可以看出，白云机场（600004）的股价自左侧 1—5 月连创新高，随着 5 月 30 日利空的出现，股价进入回调阶段，通过其下方急剧萎缩的成交量中，可以看出后市人气不佳，后续买力不足。虽然之后白云机场的股价也两次创出新高，但因为成交量不足，后市购买力太弱，股价在创出 23.10 元的最高点之后，便直接下跌，股价在跌破 MA60 之后，稍作整理就持续下跌，并跌破 MA120 均线，步入长期下跌趋势。

　　综合上面的讲述，我们可以做出这样一个总结：当股价步入上涨趋势之后，若其下方的成交量不再跟随股价的上涨而增加，而是与股价的走势相反，出现逐步萎缩的现象时，这通常都是后市购买力不足的征兆；若股价无法再创新高，并跌破 MA60 时，往往是行情即将走熊的信号，手中有股票的交易者，应该及时卖出股票以防风险。

　　从图 11-4 中，我们可以看出，青岛啤酒（600600）的股价自 6 月黑框在创下第一个高点之后，股价便进入回调阶段。通过其下方急剧萎缩的成交量，

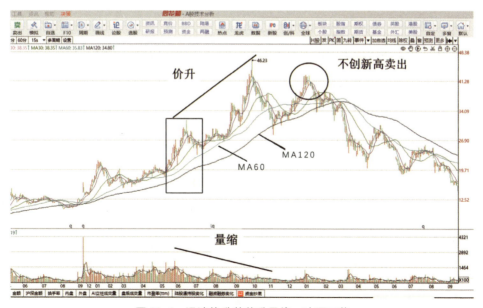

图 11-4　迅速拉升的价升量缩，冲顶回落

可以看出后市人气不佳，后续购买力不足。虽然之后青岛啤酒的股价也能再次创出新高，但因为成交量不足，购买力弱，股价在创出 46.23 元的最高点之后，便出现了一波大幅度的下跌。尽管之后股价虽然也出现了一波小反弹，但却因为购买力大减，无法再创新高，没有突破前面的高点，随后股价便跌破 MA60，没多久就跌破 MA120 均线，步入长期熊市。

第三节 再论价跌量增形态

价跌量增的形态与价升量增的形态恰恰相反，但其性质却是类似的，只不过其形成的位置不同罢了。价升量增是股价处于上涨阶段成交量随着股价的上涨不断放大，属于一种强势形态；而价跌量增则是股价在跌至熊市末期阶段，特别是股价跌去 60%（60% 建仓特征是指，很多主力往往会在股价下跌 60% ~ 70% 时，开始试探性建仓）之后而出现的增量形态。这种形态出现之时，通常都是有人在市场中提前建仓的征兆，如果行情在价跌量增之后转变成价升量增形态，并上穿 MA60 和 MA120 均线，并不再跌穿 MA120 均线，那么这通常都是主力资金提前在底部建仓的信号。

我们先来看图 11-5。

图 11-5　价跌量增到 60% 的建仓特征

　　从上面的图示中我们可以看出，西藏旅游（600749）在下跌趋势的末期，出现了价跌量增的现象。从图中看似乎当时的股价有些太高，实际上除权之后，其 8 月最高 24.99 元的股价只有 6 元多，所以完全符合主力 60% 的建仓特征。之后股价创下 2.56 元的低点，并随着价升量增的出现，行情走势逐渐"转型"为价升量增的形态，股价最终上穿 MA120 均线，振荡上行。

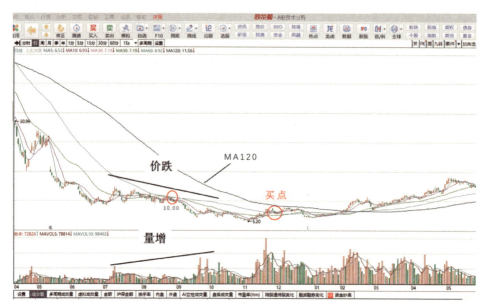

图 11-6　价跌量增到低点的企稳走势

从图 11-6 可以看出，上实发展（600748）在下跌趋势的末期，出现了价跌量增的现象，当时的股价在 10 元左右，并且股价走势的形态，完全符合主力 60% 的建仓特征。之后股价创下 5.20 元的低点，随着大势向好，股价也开始逐渐掉头，逐渐转向涨势，行情呈现价升量增的形态，最终上穿 MA120 均线振荡上行，步入上涨阶段。

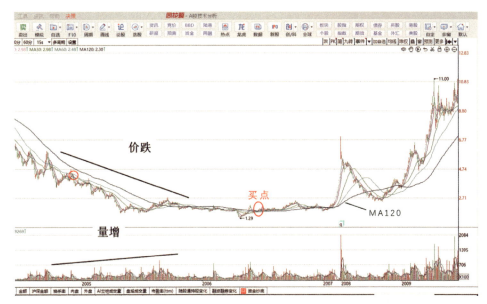

图 11-7 价跌量增到底部的操作特征

从图 11-7 中我们可以看出，闻泰科技（600745）在长期下跌趋势的末期，也出现了价跌量增现象，当时的股价正处于 4 元左右，股价的走势形态完全符合主力 60% 的建仓特征。之后股价创下 1.29 元的低点，随着大势向好，行情开始逐渐掉头，不再创新低，呈现长期横盘的走势。该股在 7 月左右出现价升量增形态，股价走势开始转为价升量增，最终股价上穿 MA120 均线，并在MA120 均线上方呈现一波小幅回调，之后便进入一波急涨行情。接下来，便迎来一次大幅度的调整，经过一轮大幅回调之后，行情才真正步入牛市阶段。

第四节　再论价跌量缩形态

价跌量缩形态与价跌量增形态恰恰相反，其性质也完全相反。价跌量增是股价处于下跌趋势的末期成交量不断放大的形态，属于一种市场即将转强的信号，而价跌量缩则是股价在下跌阶段出现的缩量形态。这种形态出现之时，通常都是市场人气最为低迷的时期，也是后市有可能会持续走低的征兆，但在价跌量缩之后，市场通常都会随着人气的回升而价升量增，从此由弱转强，所以价跌量缩时期大多数情况之下都属于地量时期，也是市场人气最衰弱的时期，物极必反的行情走势往往会出现在这一时期。

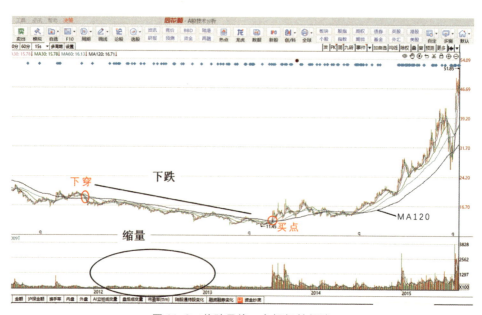

图 11-8　价跌量缩，市场极其低迷

从图 11-8 中我们可以看出，锦江酒店（600754）的股价自 2011 年的最高点下跌以来，其下方的成交量也逐步出现萎缩现象。虽然股价在当年 11—12 月出现了一波反弹，但因为成交量稀少，缺乏市场动力，所以没有创出新高就再次出现下跌。当股价向下跌穿 MA120 均线之后，成交量便随着股价的下跌继续缩量，充分说明其交易低迷，购买力不足。这样的情况一直延续 2 年到 2013 年 7 月，股价创下 11.45 元的低点之后，才有所改善。

从图中我们可以看出，股价在创下低点之后，才开始逐步反转向上，呈现出价升量增的强势形态，随着购买力的不断增加，后市股价逐步走强，形成一波反弹行情。

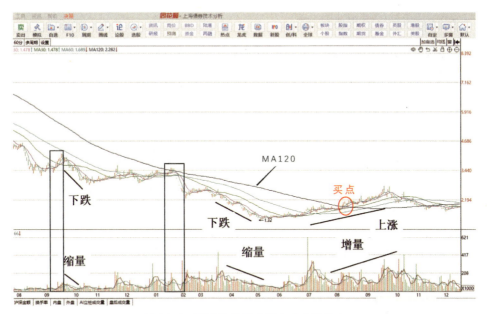

图 11-9　下跌趋势到底部主力大举建仓

从图 11-9 我们可以看出，退市园城（600766）的股价自左侧高点下跌以来，其下方的成交量也随着股价的走低出现收缩。虽然股价在这之后，出现了两波小反弹（黑框），但并没有创出新高。当股价向下跌穿 MA120 均线之后，退市园城（600766）的成交量便出现了大幅萎缩，这样的情况一直延续到 7—8 月份。在这期间，股价的下跌也达到 60% 以上，成交量开始试探性增加，按照主力 60% 的建仓特征中所讲述的，这是市场中的试探建仓行为（两黑圈中间的阳量柱）。

随后股价再次下跌，成交量再次萎缩，直到创下 1.32 元的低点之后，才有所改善。我们可以看出，股价在创下低点之后，开始逐步反转向上，呈现出价升量增的强势形态，随着购买力的不断增加，后市股价逐步走强（园城股份于 2024 年 7 月 3 日退市摘牌）。

从上面的讲述中，我们可以作出这样一个结论，股价自高位下跌时，若其下方的成交量同步萎缩，且之后股价反弹时无法再创新高，成交量又少于先前高点时期的成交量，这通常都是后市不利、前景堪忧的信号。若股价向下击穿 MA120 均线之后，出现价跌量缩现象，这通常都是后续购买力较弱，行情有可能持续走低的征兆。若股价下跌 60% 以上，股价由价跌量缩转变成价跌量增，这说明有人在试探着买入这只股票，若股价不再创新低，而是反转向上，并出现价升量增的强势形态，这通常都是股价即将走强的征兆，交易者应特别留意机会信号，并可在股价上穿 MA60 和 MA60 时尝试建立初始仓位。

第五节　回调缩量形态

回调缩量形态是一种在牛市中的缩量形态，在讲回调缩量这一形态之前，需要先了解什么是回调走势。

很多交易者对回调走势存在错误的理解，甚至根本就不知道什么是回调、什么是回撤。回调必须是在上涨趋势中的次级下跌，反弹必须是下跌趋势中的次级上涨。但上涨中的回调和下跌中的反弹都可以叫作回撤。而当股价在MA120 均线上方运行时，这就是技术分析派人士所言的长期上涨趋势，也叫作牛市；当股价在 MA120 均线下方运行时，这就是技术分析派人士所言的长期下跌趋势，也叫作熊市。所以 MA120 均线也是技术派交易者的牛熊分界线。

行情在上涨趋势中，之所以会出现回调现象，是因为行情在上涨过程中积累了一定的获利盘，当这些获利盘被卖出的时候，空方力量就会大于多方的力量，导致股价出现一定幅度的下跌，如果股价在下跌过程中出现了缩量的现象，并且随着缩量现象的出现，行情开始在低位徘徊，不再下跌，且下跌的时间又较上涨的时间和幅度小或短，这说明目前市场中的空头力量并不是很大，市场中的那些正常的交易就足以消化那些抛压，市场中没有导致股价持续下跌的动能，所以此时只要稍有格外的上涨动力加入，行情就会随之上涨。随着时间的推移，越来越多的交易者都看好后市，购买力也越来越多，新多头不断加入，股价就会在相对的回调低位再次出现增量现象，致使股价再次上涨，并不断创出新高，步入牛市行情。

我们先来看下面的这两只股票。

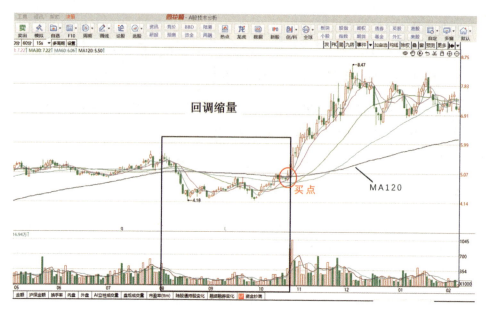

图 11-10　回调缩量，震荡筑底

　　从图 11-10 中我们看到，深康佳 A（000016）的股价自 8 月回调以来（黑框中），成交量随之大幅萎缩，当股价下探到 4.18 元后，多次未跌破，并继续震荡。后面反弹，受到 MA120 均线的托底支撑，止跌企稳。

　　从图中我们还可以看出，此时下方的成交量出现了明显的缩量现象。行情经过短期的周折之后，再次放量上涨，步入上升行情。

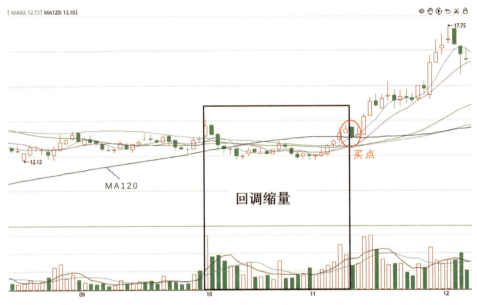

图 11-11　迅速下跌回调，试探突破 MA120

　　从图 11-11 中我们看到，招商轮船（601872）的股价走势与前面深康佳 A 的股价走势基本类似。

　　自 8 月开始，招商轮船随着大势的走弱，出现了一波长时间的回调，但股价在回调过程中，成交量出现了大幅萎缩，当股价下探到 12.12 元低点时，受到 MA120 均线的托底支撑，止跌企稳。从图中我们还可以看出，进入 10 月后下方的成交量出现了明显的缩量回调现象。行情经过短期的周折之后，再次放量步入上涨行情之中，虽然目前这只股票还处于继续整理的阶段，但经过充分洗盘，股价上穿 MA120 后，一定会走出上涨行情，这只是时间问题。

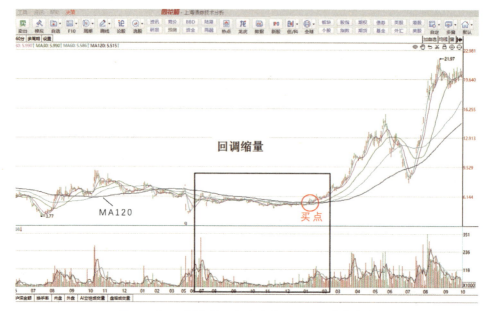

图 11-12　回调缩量一直未跌破 MA120，筑底成功

从图 11-12 中我们可以看出，退市鹏起（600614）的股价自 7 月 3.77 元开始，便上穿 MA120 均线，但第一次上穿 250 均线并不成功，行情围绕 MA120 均线上下穿越。之后，自次年 5 月（黑框）开始随着大势的走强，退市鹏起再次放量上穿 MA120 均线，并在穿越之后的不久（黑框中），就出现了一波大幅度的回调。

从图中我们可以看出，退市鹏起的股价在回调过程中，成交量也出现了大幅萎缩，与招商轮船和深康佳 A 走势类似，当股价下探到 MA120 均线处时，受到 MA120 均线的托底支撑，行情止跌企稳，经过短期的振荡整理之后，股价在次年 1 月再次放量上涨，呈现出明显的强势特征，随后便逐步攀升，走出一波大幅度的上涨行情，并创下了 21.97 元的高点。

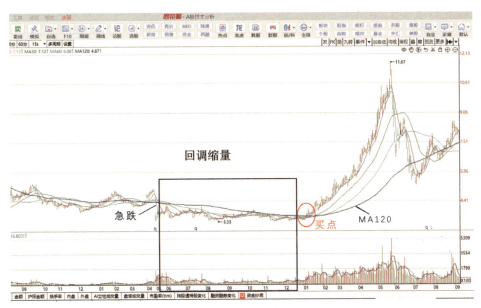

图 11-13　回调缩量，托底支撑后续看涨

　　从图 11-13 中我们看到，复旦复华（600624）的股价自 4 月开始，随着大势的走强，价升量增上穿 MA120 均线，当上涨到 5 元左右时，4 月底股价反转下跌，出现了一波大幅度的震荡向下的回调走势。股价在回调下跌过程中，成交量出现了大幅的萎缩。与之前我们所讲述的几只股票一样，当股价下探到 MA120 均线处时，受到了 MA120 均线的托底支撑，跌到 3.33 元企稳。行情经过短期的周折之后，再次放量上涨，步入上涨通道之中。

　　综上所述，我们可以作出这样一个结论：股价在上穿 MA120 均线之后，若出现回调缩量的形态时，通常都是一个空头衰竭的征兆，也是市场中散户和主力吸收场外流动浮筹的时期。若股价受到 MA120 均线托底支撑，或在MA120 均线上方再次放量上涨，此时往往都是后市向好的征兆，手中没有股票的交易者，可以在股价突破上颈线（突破回调时的下跌趋势线时）或放量创出阶段性新高之时，适当建立仓位。

第六节　反弹增量形态

前面我们讲到回调形态是股价在上涨趋势的初期，出现的次级下跌走势，而反弹则是在股价下跌趋势中出现的次级上涨走势。

股价回调时若出现缩量形态，并在此之后形成横向整理的走势，或反转向上的走势时，这说明此时市场中没有格外的空头，是空头压力不大的征兆，属于一个胜算较高的买入信号。

但反弹增量则不同，因为下跌增量有时候并不代表市场中的买方在增加，行情即将反转，恰恰相反，此时的增量往往会凝聚更多的下跌力量。因为在下跌趋势中出现的反弹，通常都是一些比较激进的短线交易者的过度交易而导致的，增量现象也只不过是随着短线交易者的不断增加而出现的，所以当这些交易者有了一定的利润之时，他们就会卖出股票套现利润，所以下跌中的反弹通常不会持久，并且反弹的幅度越大，之后下跌的力度也就越大。

除此之外，很多主力也会借助行情的反弹卖出手中未能及时卖出的股票，以降低持股风险，甚至还会有些主力在相对的低位买入，然后借助行情的反弹通过人为的拉升，加剧反弹的波动，制造出短期的活跃景象，然后趁机在高位卖出那些低位买进的股票，进行短线套利。

当然，在现实交易中，我们也没有必要去猜测这波行情是不是主力所为，因为市场中有很多这样的形态，也并不是每个都是主力所为，到底哪波是主力所为，我们猜不到，也无法证实，我们只是将这种现象的成因讲出来，让你对这些行情的走势形态有一个更加全面、更加深刻的了解，以便在现实交易中能给你一些判断上的启发。

我们先来看案例图示 11-14。

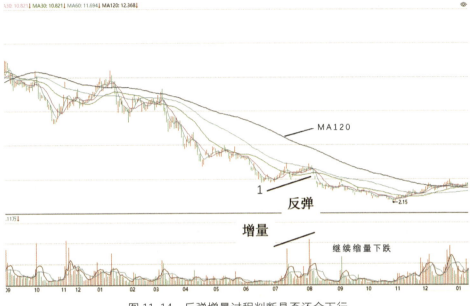

图 11-14 反弹增量过程判断是否还会下行

从图 11-14 中我们可以看出，退市园城（600766）于 2 月份开始，从低点 1 处开始出现一波反弹，并呈现出反弹增量的形态。虽然前期股价也跌到 60% 以上，按理，可以确认市场中有试探方在买入股票，但我们无法判断股价会不会持续下跌，持有者会不会卖出，所以不能贸然买入。此时要确定他们会不会卖出的关键在于，股价会不会再创出新低，能不能随着价升量增上穿 MA120 均线。如果不再下跌，也没有破 MA120，这时我们才可以确定这是买入机会，并持股待涨。所以此时，我们只能观战，而不能介入。

事实上，退市园城此后的反弹并不成功，在这之后，股价并没有上穿 MA120 均线，而是持续创下新低 2.15 元，这说明市场中的那些激进人士，在此时买入股票并不是明智的选择，如果他们不能及时地卖出股票，很有可能在后续持有中出现较大的亏损。

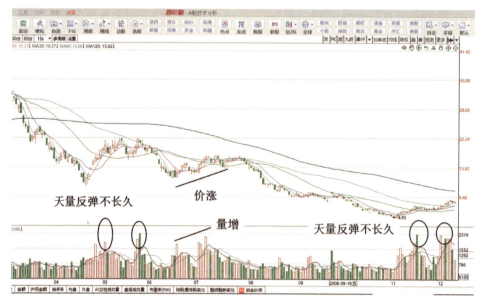

图 11-15　连续回调反弹，在试探底部

从图 11-15 中我们可以看出，综艺股份（600770）在当年 5 月到 12 月之间曾出现过 5 波反弹（四个圈和中间增量），并都呈现出反弹增量的形态，四个圈中有 4 次反弹都曾呈现出巨量反弹，股价却一直在下跌。按照我们之前的"下跌 60% 建仓特征"，此时应该属于一个主力试探建仓的形态。尤其是最后一个圈中利空走完后，等股价上穿 MA120，才会有一波大涨形势。

从图 11-16 可以看出，招商轮船（601872）在当年 10 月 16.52 元高点到次年 10 月之间曾出现过几波下跌反弹，并都呈现出反弹天量的形态。根据上面所讲的天量反弹不会持久的道理，此时的反弹也不成功。当股价反弹到 MA60 之后，便受 MA60 的压制再次下跌，并创出新低。

综合上面的讲述，我们可以作出这样一个结论：股价在下跌势中出现反弹之后，若股价呈现价升量增的现象，但后市并没有上穿 MA120 均线，就会出现再次下跌。如上穿 MA120 均线，不久又跌破 MA120 均线，说明行情上

图 11-16　下跌反弹，靠单根天量维持不住

涨失败，属于一个后市持续走弱的信号。此时手中持有股票的交易者应该及时地减仓或止损出局，以免造成更大的损失。原因就是股价在下跌趋势中呈现出天量反弹之后，通常会因为后续购买力无法超越前期天量时期的购买力，而使行情的反弹不能持久，所以在天量出现之后立刻买入股票并不是一个明智的选择。在实际交易中，如果你是一位短线交易者，在你建仓以后，如果发现行情在反弹的阶段出现天量形态，这通常都是一个危险的信号，应该特别留意行情的转势。

微信扫码添加同花顺陪伴官小顺
获取更多图书增值服务

第十二章

同花顺量价选股经典 32 法

第一节　同花顺底部选股技法

一、量价背离

量价背离又称为三竭量超，指的是下跌过程中随着跌幅的加大，量不断放大，三次阳线放量，一次比一次大，虽然暂时失败，但强烈的反攻已经一触即发。如图 12-1 所示：

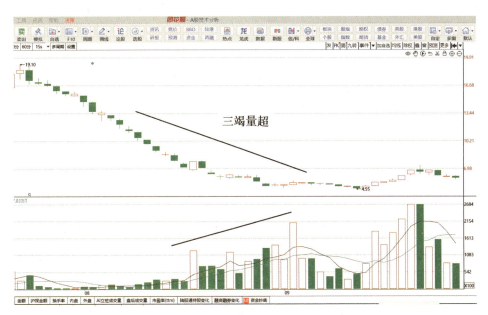

图 12-1　量价背离

二、蜻蜓点水

蜻蜓点水指的是底部构造过程中，开始出现小幅上涨的走势，然后股价开始做一次试探性的放量（换手过 5%）。试盘后回落洗筹，量快速萎缩到前期量能水平而价格坚挺，量能线回落的机会就是最佳的进场临界点，强烈的上攻已经一触即发。如图 12-2 所示：

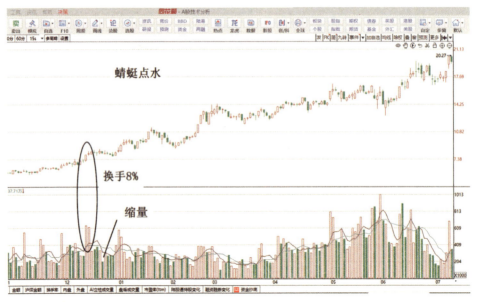

图 12-2　蜻蜓点水

三、三上三下

三上三下指的是底部构造的尾声，出现脱离底部的标志性上涨的换手 3.5% 中阳，然后快速放大量能到 5.5% 以上做尝试进攻，再次回落的时候用三个交易日的时间回到启动量的 1/3 左右，就形成标准的量价组合"三上三下"，是底部的经典量价结构。如图 12-3 所示：

图 12-3　三上三下

四、双挖坑量

双挖坑量又称为双凹洞量，指的是底部构造过程中，5 日均线会下穿 30 日均线成为"挖坑量"，也称为成交量圆底。股价恢复上涨后再次缩量回落量也减小，当再次出现挖坑量的时候就是"双挖坑量"。这是底部构造结束的标志，凹洞的水池越深，上涨的力量越大。如图 12-4 所示。

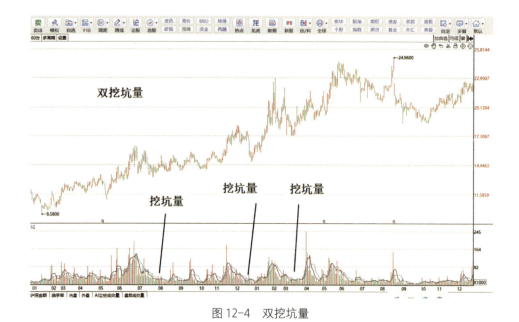

图 12-4　双挖坑量

五、临界温度

临界温度指的是漫漫的阴跌过程中，开始放出 5% 左右的苏醒量并逼出中阳线越过长期下跌趋势线，突破后回落趋势线附近就是最佳介入点，最强的是价格横向平移代替回落，这种带量突破趋势线往往意味着会出现波段反攻行情。如图 12-5 所示：

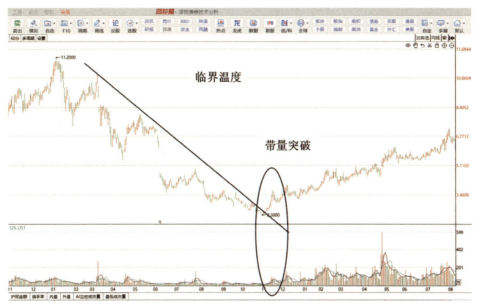

图 12-5　临界温度

六、放量跳空星线

放量跳空星线又称为穿越量减孤星，指的是下跌过程中，出现了先放量的跳空星线，然后再伴随向下跳空的孤岛形态，而孤岛出现的同时放出穿越 30 日均线的星线，然后并不远离均线而出现减量的星线，这种连续缩量的形态表明抛压已经接近尾声是反涨的前兆，是经典底部量价结构。如图 12-6 所示：

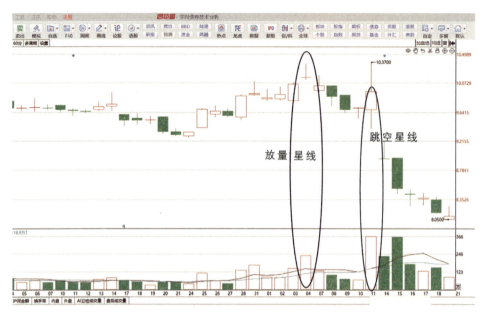

图 12-6   放量跳空星线

第二节   同花顺反弹选股技法

一、价半量一

价半量一，指的是下跌过程中，出现了量线提前金叉的形态，然后股价以大阳放量确立底部，放量之后会有回落测试阳线有效性的缩量动作，通常是 K 线的"上升三法"。关键的是价格回落测试标志性阳线的 1/2，而量回落到大量的 1/3 是最好的量价配合。如图 12-7 所示：

图 12-7　价半量一

二、开门见三

　　这种形态指的是下跌过程中，出现了低位的放量中阳线（最好是涨停）当天的换手超过 5%，但是又不过 8%，之后在接下来的两天连续有 4% 以上的换手（不过 8%），这就构成底部反弹的经典组合"开门见三"，一有回落马上可以介入，通常有 20% 左右的空间。如图 12-8 所示：

图 12-8　开门见三

三、突量连涨跟进

突量连涨跟进又称急量双三，指的是下跌过程中，低位开始以放量涨停脱离底部，起动当天的换手超过 6%，在大换手起动第二天如果出现继续的大阳线伴随放量 12% 左右的换手就代表该股将进入强烈的反转上涨阶段，在第三天可以马上介入，在换手达天量时卖出。如图 12-9 所示：

图 12-9　急量双三

四、底部曙光量

底部曙光量又称烛底三平量，指的是反弹初期，低位小幅放量脱离底部，然后会有量线缩量回靠清洗浮饵的动作，K 线会出现连续的低位小阳线，而成交量出现了连续的三根平量在 1.5% 附近，就是调整结束，再次上攻的信号。如图 12-10 所示：

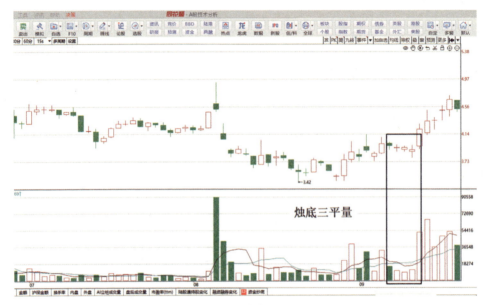

图 12-10　烛底三平量

五、均量启动加速

均量启动加速又称为起跑三平量，指的是反弹的初期，低位小幅放量用小阳线脱离底部，阳线的实体不大在大均线之前有大段的空白区，起动的三阳的成交量基本是平量的，而且换手在 4% 以下，一旦加大换手过 4% 的临界点就是马上急涨的走势。如图 12-11 所示：

图 12-11　均量启动加速

六、放量跳空启动点

放量跳空启动点又称为窗口对称临界点，指的是反弹初期，低位小幅放量用红三兵小阳线脱离底部，小幅拉升放量开出跳空窗口，三个交易日不补窗口开始将阳线的实体越拉越大，一旦跃过 5% 换手的临界点就是马上加速进入急涨的前兆，是底部股加速的经典动作。如图 12-12 所示：

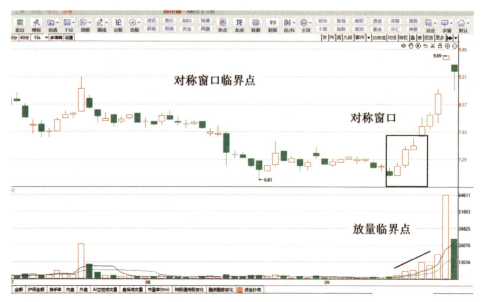

图 12-12　放量跳空启动点

七、中阳带量穿均线

中阳带量穿均线又称为倍量汇集切割线，指的是反弹初期，低位用小幅放量中阳穿过所有的短期均线后放量上攻，在长期均线附近用双倍的量收出第二根中阳线完成对大均线的穿越。这种汇集成本的量价结构又称为"双升切割线"，在成本均线的共振下是底部加速的重要标志。如图 12-13 所示：

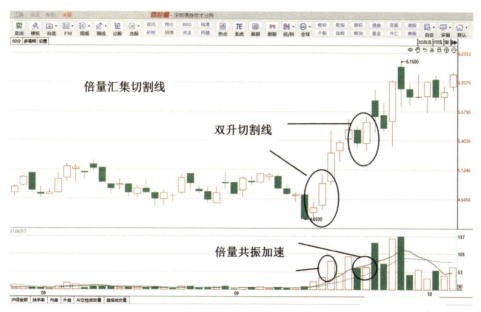

图 12-13　中阳带量穿均线

第三节　同花顺主升浪选股技法

一、巨量太阳

巨量太阳又称为"长阳重炮 + 旭日东升"组合，指的是在连续的缩量调整之后出现缩量的长阴线（或 2 ~ 3 根小中阴线），然后依托均线以长阳做吞并线将阴线一举收复，并伴随巨大的成交量（超过 8% 换手）支持，是强烈的反转走势，有短线连涨的能力。如图 12-14 所示：

图 12-14　巨量太阳

二、中阳冲关缩量回抽

中阳冲关缩量回抽又称为"高浪中阳＋悬壁量"组合，指的是个股先一路放量快速上涨冲过长期均线（240 日均线）在放出大量之后，快速缩量调整（量缩得越快越好）回落确认均线的突破有效性，之后出现小星线的 K 线止跌组合，将迎来真正的主升行情。如图 12-15 所示：

图 12-15　中阳冲关缩量回抽

三、高速带量换挡

　　高速带量换挡又称为切入"中阳阴 + 迫击阴量"组合，指的是个股在放量初涨之后，缩量整理后再次放量以中小阳线上攻，然后在冲击前期高点的时候不涨反而小幅回落放出大换手（超过 5%）来完成筹码交换，往往是再度攻击前的换挡，再度放量上攻是最好的介入机会。如图 12-16 所示：

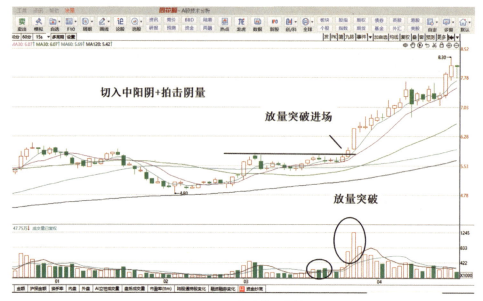

图 12-16　高速带量换挡

四、放量包线

放量包线又称为倍量吞并线，指的是个股在经过一轮放量上涨之后出现 3
天的缩量回调（最多不能超过 5 天），然后放出比第三天调整阴量大 2 倍左右
的阳量，将最后调整的阴线吃掉，以吞并线收盘，是结束调整再次上涨的迹象，
如果股价紧贴在均线附近，其后上涨的力度会更大。如图 12-17 所示：

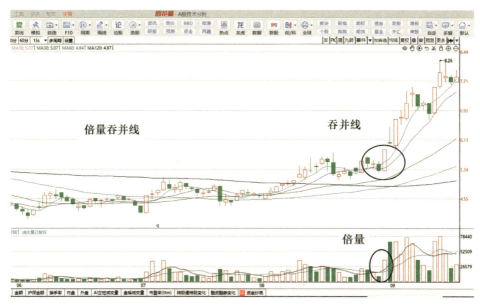

图 12-17　放量包线

五、地量上下影 K 线

地量上下影 K 线又称为"反揉搓线 + 芝麻量"组合，指的是个股在经过一轮放量上涨之后出现连续的缩量回调（量越小越好），然后在低位收出上影的高浪线，在收出长下影的倒"T"线形成标准的"反揉搓线"，是调整到位即将启动行情的重要标志。如图 12-18 所示：

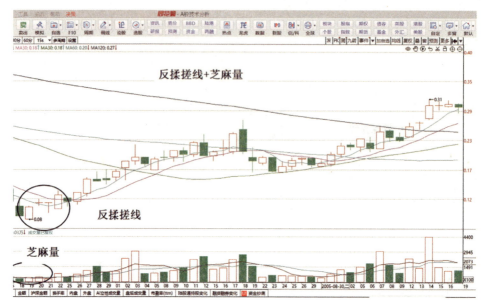

图 12-18　地量上下影 K 线

六、高开巨量阴线

高开巨量阴线又称为巨量阴顶天立地,指的是个股在经过小幅上涨之后(有温和放量准备动作），无连续的快速大幅拉升，在紧靠均线的位置大幅高开，放出前期平均成交量 5 倍以上的巨量（通常是 10% 以上的换手），以长上影阴线收盘，是标准的借大盘回落时收集筹码强行震仓洗盘的动作，随后往往是快速拉升的走势。如图 12-19 所示：

图 12-19　高开巨量阴线

七、缩量上下影震荡

缩量上下影震荡又称为点量上天入地，指的是个股在经过连续的缩量整理后加速下跌，以长下影的小幅放量的锤子线收盘，然后再收出长上影的高浪线（两次的上下影线越长越好），而后几个交易日中再收出带下影的锤子线，量缩得越小越好，K 线组合形态为双锤子线，是股价见底的明显信号，一旦放量就会迅速上涨脱离底部。如图 12-20 所示：

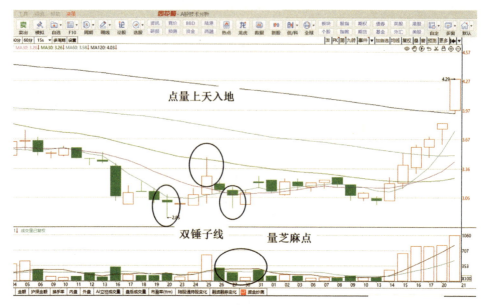

图 12-20　缩量上下影震荡

八、缩量回调不补缺

　　缩量回调不补缺又称为折返窗口临界量超，指的是个股在低位跳空上涨（留下大缺口最好），经过连续的上涨之后开始缩量回落，以中小阴线回探缺口的时候出现低开平脚的中大阳线，且量能比调整的阴量放大明显，通常换手超过5%，是经典的再次上涨的量价结构。如图 12-21 所示：

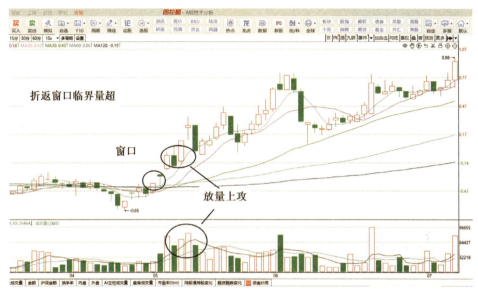

图 12-21 缩量回调不补缺

九、放量双龙升天

放量双龙升天又称为堆量低开并阳，指的是股在低位开始缓步上攻，成交量逐步放大，在攻击 60 日均线的时候以中阳突破，第二个交易日做确认动作的时候以低开平脚（下影决不能长）的中阳做包容线，以这种量价结构来突破 60 日均线是加速上涨的前兆。如图 12-22 所示：

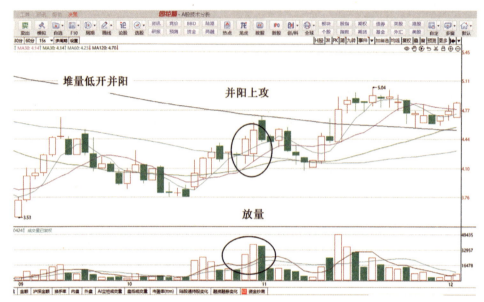

图 12-22　放量双龙升天

十、缩量母子线

缩量母子线又称地量孕阳线，指的是个股在连续下跌之后出现了长下影标准的锤子线，然后小幅上攻在冲击长阴的顶部时回落。先在低位做出长下影的纺锤线，关键在第二个交易日以小实体地量的孕阳线收盘（成交量越小越好），表明股价已经跌无可跌，空头力竭，即将进入反攻。如图 12-23 所示：

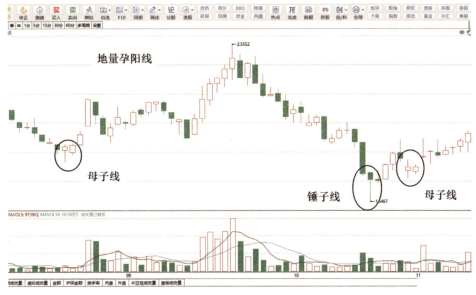

图 12-23　缩量母子线

十一、地量诱空洗盘

地量诱空洗盘又称为对应地量头肩洗盘，指的是个股在连续上涨之后（涨势越猛越好），出现回靠 10 日线的缩量动作，而后发动新的攻势，然后再次回落缩量打破 30 日均线来构筑头肩顶的时候出现上次的对应地量（成立的关键在于量缩小的绝对值不能小于 1% 的换手），就是利用头肩形态进行洗盘，而其对应的地量就会成为发动新攻势的最佳介入时机。如图 12-24 所示：

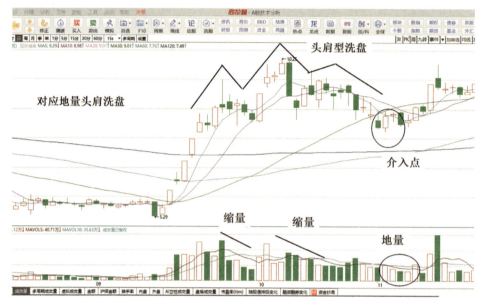

图 12-24　地量诱空洗盘

十二、缩量纺锤线

缩量纺锤线又称低量摇橹线,指的是个股在连续下跌之后(负乖离值较大),在长阴线（放量杀出恐慌盘最好）后出现小上影的纺锤线（缩量），关键是再次回落确认时出现下影长,上影也长,实体反抱的纺锤线,就成为标准的"低量摇橹线"组合,是底部强烈反弹的前兆。如图 12-25 所示:

图 12-25　缩量纺锤线

十三、巨量长阳跳空突破

巨量长阳跳空突破又称巨量阳空中突破，指的是个股在连续上涨之后（最好是中期均线向上多头发散），在中期均线上方的腾空位置做强势浅幅洗盘（距离均线越远，突破越有力），在整理的尾声（不能过分缩量）以加速换手（8%以上）用中长阳做突破前期高点的动作，是强烈的加速上涨的前兆，短线爆发力很强。如图 12-26 所示：

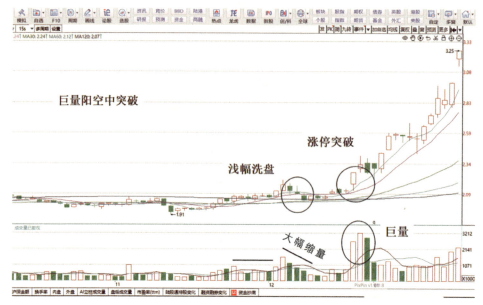

图 12-26　巨量长阳跳空突破

十四、仙人指路

仙人指路又称增量长阳夜星十字，指的是个股在低位开始上涨之后，在中期均线附近用放量中阳线做向上突破的动作，在第二天放量收出长上影的小阳星十字，如果是在中长期均线附近的话，并不是短线见顶的信号，反而是为多头的攻击指明了方向。如图 12-27 所示：

图 12-27　仙人指路

十五、高开阴线吞上影

高开阴线吞上影又称长上影高开阴约会线，指的是个股在低位小幅上涨之后，在收出平量的长上影 K 线的第二天出现了大幅高开回落光头阴线，高开阴线的收盘和前一天的长上影 K 线收盘相差不大且成交量只是小幅放大，则是利用消息强力清洗浮筹的动作，后市一旦放量上攻则很容易出现短线急涨的走势。如图 12-28 所示：

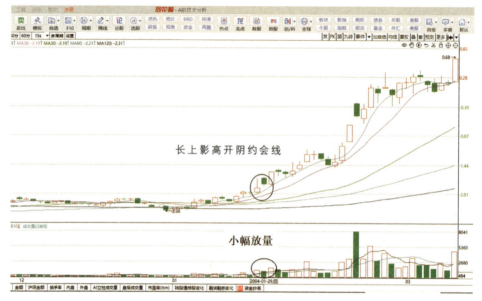

图 12-28　高开阴线吞上影

十六、欲擒故纵

　　欲擒故纵又称缩量临界白领线，指的是个股在低位反复震荡构筑大型的整理形态，而成交量呈现明显的凹洞量洗盘的特点，在上攻形态顶边的时候出现明显缩量，波动幅度非常小的量价结构，是多头准备一举放量突破形态顶边的最后准备动作，是明显的波段入场点。如图 12-29 所示：

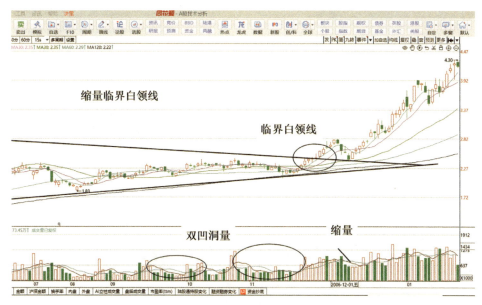

图 12-29　欲擒故纵

十七、放量红三兵

　　放量红三兵又称放量加速兵线，指的是个股在低位开始小幅放量上攻，在小阳线温和放量的第二天以长上下影的十字线收盘，在第三个交易日，本应调整，但是不调反而以放量的带上影的阳线强行突破（创出近 3 日新高），就构成了放量加速兵线，是即将短线爆发的前兆。如图 12-30 所示：

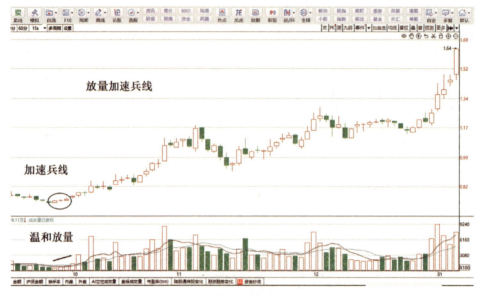

图 12-30　放量红三兵

十八、高开放量假阴

高开放量假阴又称高价母子十字放量，指的是个股在经过一轮连续性的下跌之后，开始在低位不断出现连续小阳线的筑底动作，然后开始小幅上涨，遇到中期均线的反压后出现回落，然后以高开的母子十字放量收盘，表明股价已经拒绝下跌，是底部短线爆发的经典量价组合。如图 12-31 所示：

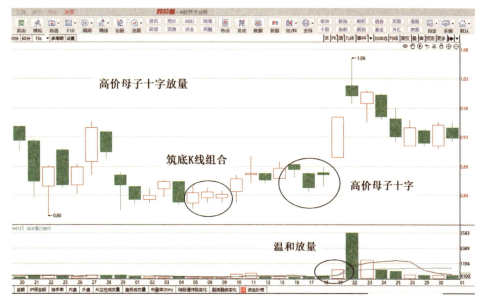

图 12-31　高开放量假阴

十九、缩量十字星

缩量十字星又称阳加跳空十字缩量，指的是个股在经过长期下跌之后，开始在低位企稳，然后出现底部的低换手中阳，在中阳之后进入整理阶段，在连续的整理缩量之后会出现跳空阳线企稳，在第二天以跳空缩量十字线开出，这就是整理结束进入主升浪的标志，通常是底部反转的起动点。如图 12-32 所示：

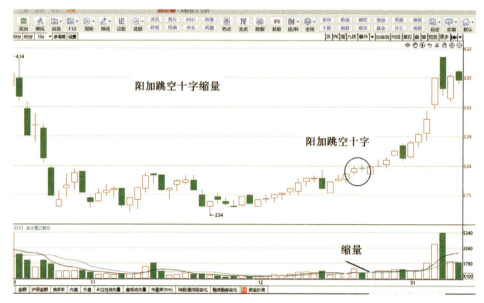

图 12-32　缩量十字星

附 录

专业术语解析

一、量价术语

开盘价 又称开市价，是指某种证券在证券交易所每个营业日的第一笔交易，第一笔交易的成交价即为当日开盘价。

收盘价 指某种证券在证券交易所一天交易活动结束前最后一笔交易的成交价格。

最高价 指股票当天成交的最高价格。

最低价 指股票当天成交的最低价格。

报价 是证券市场上交易者在某一时间内对某种证券报出的最高进价或最低出价，报价代表了买卖双方所愿意出的最高价格，进价为买者愿买进某种证券所出的价格，出价为卖者愿卖出的价格。

委比 是衡量某一时段买卖盘相对强度的指标。

量比 是衡量相对成交量的指标。

现手 某一股票即时的成交量。在行情软件的右下方为即时的每笔成交明细。

总手 即当日开始成交一直到现在为止总成交股数。

成交笔数　是指当天各种股票交易的次数。

成交额　是指当天每种股票成交的价格总额。

成交量　是指某一特定时期内（如一个交易日），在交易所交易市场成交的某种股票的数量。

成交密集区　指市场在上涨或下跌过程中，成交量较为集中的某个区域。

筹码集中度　是指一只个股的筹码被庄家掌握的程度。

差价　指股票在买进和卖出的两种价格之间所获得的利润或亏损，前者称差价利得，后者称差价损失。

天价　表示股票行情上涨到一个巅峰状态。但要注意，天价是相对的，并不是固定不变的。

天量　代表着某只股票或整个市场当天巨大的交易量，天量通常与突破相关联。

地量　是相对于高位的天量而言，地量的标准有章可循。衡量中级下跌行情是否见底的标准是：底部成交量要缩至顶部最高成交量的 20% 以内。

放量上涨　通常指成交量大幅增加的同时，大盘或个股股价也同步上涨的一种量价配合现象。

缩量下跌　指股票价格或大盘指数在下跌的同时成交量相对前几个交易日明显下跌。

上档　指在市价以上的价位。

下档　指在当时股价以下的价位。

溢价发行　指新上市公司以高于面值的价格办理公开发行或已上市公司以高于面值的价格办理现金增资。

红利　上市公司通常在年终结算后，将盈利的一部分作为股息按股额分配给股东。股利的主要发放形式有现金股利、股票股利、财产股利和建业股利。

分红派息　是指上市公司向其股东派发红利和股息的过程，也是股东实现自己权益的过程。分红派息的形式主要有现金股利和股票股利两种。

股权登记日　是在上市公司分派股利或进行配股时规定一个日期，在此日期收盘前的股票为"含权股票"或"含息股票"，即有权领取股利的股东有资格登记截止日期。

派息日　即股息正式发放给股东的日期。

含权　有送赠红股或配股权利的股票，但未实施的均称含权。

除权　股票除权前一日收盘价减去所含权的差价，即为除权。

填息　如果除息完成后，股价上涨接近或超过除息前的股价，二者的差额被弥补，就叫填息。

填权　指在除权除息后的一段时间里，如果投资者对该股看好，该只股票交易市价高于除权（除息）基准价，这种行情称为填权。

贴权　指在除权除息后的一段时间里，如果投资者不看好该股，交易市价低于除权（除息）基准价，即股价比除权除息日的开盘价有所下降，则称为贴权。

复权　就是对股价和成交量进行权息修复。股票除权、除息之后，股价随之产生了变化，但实际成本并没有变化。

抢权　指股票在即将除权时，由于要实施送股或配股，引发股民大量购买，从而大幅推高股价的现象，被称为抢权。

量价背离　量价背离是一种交易现象。即当股票价格出现新的高点时，成交量非但没有增加反而出现缩量，也就是股价与成交量成反比关系变化。

二、技术术语

K 线　又称蜡烛图、日本线、阴阳线等。起源于 18 世纪日本德川幕府时代的米市交易，用来计算米价每天的涨跌。因其标画方法具有独到之处，人们就把它引入股票市场价格走势的分析中，经过几百年的发展，已经广泛应用于股票、期货、外汇、期权等证券市场。该线可以用不同颜色分别表示股票的开盘价、最高价、最低价和收盘价。

K线组合　指在股市实战中，当几根或一组K线组合在一起时，会发出建仓或卖票的信号。投资者根据这些K线组合，可以提高盈利和减少风险。K线组合形态有很多，投资者要不断熟悉和运用。

阳线　指收盘价高于开盘价的K线。阳线表示股价上涨。

阴线　指开盘价高于收盘价的K线。阴线表示股价下跌。

上影线　在K线图中，从实体向上延伸的细线叫上影线。在阳线中，它是当日最高价与收盘上影线价之差；在阴线中，它是当日最高价与开盘价之差。

下影线　在K线图中，从实体向下延伸的细线叫下影线。在阳线中，它是当日开盘价与最低价之差；在阴线中，它是当日收盘价与最低价之差。

实体线　指当日开盘价与收盘价之差。

十字星　是一种只有上下影线，没有实体的K线图。开盘价即收盘价，表示在交易中，股价出现高于或低于开盘价成交，但收盘价与开盘价相等。其中，上影线越长，表示卖压越重。下影线越长，表示买盘旺盛。通常在股价高位或低位出现十字线，可称为转机线，意味着出现反转。

吊颈线　指当股价经过一轮上涨之后，在高位出现一条下影线较长，并且实体很小的线，无论是阴线还是阳线，均被称为吊颈线。通常来说，吊颈线是强烈的卖出信号。

锤头线　指外形看起来像一把锤头，其特征是K线实体部分很小，一般无上影线或者上影线很短，但下影线很长。通常，在下跌过程中，尤其是在股价大幅下跌后出现锤头线，股价转跌为升的可能性较大。

红三兵　一般指K线连续拉出三根阳线，表明股价短期可能反弹上行。

如果这一形态出现在底部，并且量能放大，股价后市上涨的概率和空间较大。

黑三兵 一般指 K 线连续拉出三根阴线，表明股价短期可能见顶回落。如果这一形态出现在顶部，并且量能放大，股价后市下跌的概率和空间较大。

穿头破脚 表示第二根 K 线将第一根 K 线从头到脚全部包在里面。这种形态有两种，一种是在底部出现，一种是在顶部出现。从技术上说，底部出现穿头破脚（阳包阴）是股价回升的信号；顶部出现穿头破脚（阴包阳）是股价见顶回落的信号。

楔形 具体是指底部线和顶部线在运行过程中不断汇合。可分为上升楔形和下降楔形。楔形属于整理形态。

对称三角形 又称为等边三角形，一般情形之下，对称三角形是属于整理形态，即价格会继续原来的趋势移动。

旗形 这种 K 线形态就像一面挂在旗顶上的旗帜，通常在急速而又大幅的市场波动中出现。价格经过一连串紧密的短期波动后，形成一个稍微与原来趋势呈相反方向倾斜的长方形，这就是旗形走势。

菱形 从外形看很像钻石。菱形可以看成扩散喇叭形接连对称三角形的合并图形，左半部和扩散喇叭形态一样，其市场的含义也相同，菱形属于反转形态。

喇叭型 指股价经过一段时间的上升后下跌，然后再上升再下跌，上升的高点较上次为高，下跌的低点亦较上次的低点为低。整个形态以狭窄的波动开始，然后和上下两方扩大，如果把上下的高点和低点分别连接起来，就可以画出一个镜中反照的三角形状，这便是喇叭形。喇叭型属于反转形态，分为上升型和下降型。

V 型 指股价在下跌过程中，刚开始，空方的力量异常强大，一直压制着股价持续下滑。随后，多空双方的力量对比出现变化，多方的力量开始变得更为强大，推动股价出现大幅回升，并且，回升的幅度超过下跌前的高点。在 K 线形态上，形成像字母 "V" 的形态。V 型反转是强烈转势信号，投资者可考虑逢低入场。V 型走势属于反转形态。

W底　指股价在下跌过程中，形成两次底部，K 线形态走势看起来如英文字母"W"。它一般发生于波段跌势的末期，一般不会出现在行情趋势的中途。当W底出现时，意味着中期底部来临。见此形态，投资者可考虑入场建仓。W底属于反转形态。

M头　也称双头。M 头形态正好是 W 底形态的倒置，其股价走势犹如英文字母"M"，属于一种头部形态。M 头的形成是由于股价经过一段时间的上涨之后，一些投资者开始出逃。股价在经过短期的下跌后，获得支撑又重新向上攀升，然后在股价前期高点附近再次下跌，从而形成 M 头形态。见此形态，投资者最好先卖股离场。M 头形态属于反转形态。

头肩顶　顾名思义，图形由左肩、头、右肩及颈线组成。股价在上涨过程中，先形成左肩，然后形成头部，最后形成右肩。通常来说，如果头肩顶形态出现在顶部，股价向下逆转的可能性较大。这种形态属于反转形态。

头肩底　与头肩顶对应，头肩底图形同样由左肩、头、右肩及颈线组成。股价在下跌过程中，先形成左肩，然后形成倒转过来的头部，最后形成右肩。通常来说，如果头肩底形态出现在底部，股价向上逆转的可能性较大。这种形态属于反转形态。

圆弧底　这种形态的形成是由于价格经过长期下跌之后，原先比较凶猛的卖压逐渐消失。因为人气受损，股价只得在底部长期盘整。随后，弱势行情开始稍有扭转，买盘开始增加，股价缓慢上升。表现在 K 线图中宛如锅底状。这种形态属于反转形态。

均线　是移动均线指标的简称。由于该指标是反映价格运行趋势的重要指标，其运行趋势一旦形成，将在一段时间内继续保持，趋势运行所形成的高点或低点分别具有阻挡或支撑作用，是投资者常用的交易技术指标之一。

金叉　股市中常用技术术语。是指短期移动均线上穿中期移动均线，或者短期、中期移动均线同时上穿长期移动均线的走势图形。因为这种均线组合是比较好的建仓机会，故被称为"黄金金叉"。

死叉 与金叉相反。是指短期移动均线下穿中期移动均线，或者短期、中期移动均线同时下穿长期移动均线的走势图形。因为这种均线组合预示着股价将下跌，可以考虑卖出手中的股票，故被称为"死亡交叉"。

5 日均线（MA5） 就是 5 天股票成交价格或指数的平均值，对应的是股价的 5 日均线和指数的 5 日均线。

周线（MA7） 就是一周的 K 线，以周一开盘价为周线的开盘价，以周五收盘价为周线收盘价。以一周内最高价为周线最高价，一周内最低价为周线最低价。

月线（MA30） 在股市中，一般以一个日期为中心，在这个日期经过一个月后，即为 30 个交易日，就会算一个周期，长久下来，月线即为几个周期的组成。

半年线（MA60） 是按照股市 120 个交易日收盘点数相加的总和除以 120 而来。

年线（MA120） 又称牛熊分界线，一般指 250 日均线。因为一年间去掉正常休息日以及节假日外，所有的交易日加起来在 250 天左右，所以，年线表示在一年的所有交易日里所有投资人的移动成本，是均线系统中最重要的参考线之一。

多头排列 指短期均线上穿中期均线，中期均线上穿长期均线。均线系统呈向上发散状态。多头排列代表多方（买方）力量强大，后市将由多方主导行情，此时是建仓入场的机会。

空头排列 指短期均线下穿中期均线，中期均线下破长期均线。均线系统呈向下发散状态。空头排列代表空方（卖方）力量强大，后市将由空方主导行情，此时是抛股离场的机会。

趋势线　指用来衡量价格波动方向的直线，由趋势线的方向可以明确地看出股价的趋势。在上升趋势中，将两个低点连成一条直线，就得到上升趋势线。在下降趋势中，将两个高点连成一条直线，就得到下降趋势线。上升趋势线起支撑作用，下降趋势线起压力作用。

压力线　又称为阻力线。当大盘或股价上涨到一定位置时，指数或股价会停止上涨，并转身回落，这是因为空方在此抛出股票所致。压力线起阻止行情继续上涨的作用。不过，压力线并不是一成不变的，而是动态变化着的。

支撑线　又称为抵抗线。当大盘或股价下跌到一定位置时，指数或股价会停止下跌，并企稳回升，这是因为多方开始在此买入股票所致。支撑线起阻止行情继续下滑的作用。

通道线　又称轨道线。在已经得到趋势线后，通过第一个峰和谷可以作出这条趋势线的平行线，这条平行线就是轨道线。轨道线是趋势线概念的延伸，当股价沿趋势上涨到某一价位水准，会遇到阻力，回档至某一水准价格又获得支撑，轨道线就在接高点的延长线及接低点的延长线之间上下来回，当轨线确立后，股价就非常容易找出高低价位所在，投资人可依此判断来操作股票。一般认为，先有趋势线，后有轨道线。二者的含义也有所区别。

上升通道　顾名思义，指大盘或个股在一段时间内有规律地运行于两条平行线（或近似平行线）之间，并且趋势向上时，即为上升通道。通常来说，上升通道代表牛市或行情向好，可以大胆持股。

下降通道　与上升通道相反，指大盘或个股在一段时间内有规律地运行于两条平行线（或近似平行线之间，并且趋势向下时，即为下降通道）之间。通常来说，下降通道表示熊市或行情转坏，此时空仓持币最为安全。

三、操作术语

仓位　是指投资人实有投资资金和实际投资的比例。

建仓　指投资者开始买进看涨的股票，这种交易行为就叫建仓。

平仓　投资者在股票市场上卖出证券的行为。

增仓　指股价上涨过程中，投资者在持有某种证券一定数量的基础上，又买入同一种证券，以达到扩大盈利的目的。

补仓　指股价下跌过程中，投资者在持有某种证券一定数量的基础上，又买入同一种证券，以达到摊薄成本的目的。

减仓　减仓是指卖掉手中持有的一部分股票，这一行为就是减仓。

斩仓　指投资者预计手中的股票还将继续下跌，不得不在亏损状态下将股票卖出。

半仓　用一半的资金买入股票，账户上还留有一半现金的操作方法。

满仓　也叫全仓。就是把账户上所有的资金都买成了股票。

空仓　指投资者将所持有的股票全部抛出，手中持有现金而无股票的情况。

爆仓　指在某些特殊条件下，投资者保证金账户中的客户权益为负值的情形。

仓位管理　指投资者根据大盘运行趋势、个股涨跌变化，对自己手中的资金和股票进行科学动态管理的行为，其目的是减少损失，提高盈利。

挂单　就是指在股市交易过程中，投资者进行股票买卖时填写的委托单子。

撤单　就是在成交之前，撤回之前的委托单。

扫单　指在交易过程中，突然冒出大批量的巨大买单。一旦出现这种情况，股价通常会快速飙升。

套牢 是指买进股票交易后，出现股价下跌造成账面损失的情况。

解套 是指先前亏损的股票，交易价格回升到成本价之上。

止损 又叫割肉。指高价买进股票后，股价下跌，为避免继续损失，投资者斩仓出局，从而导致实际损失的情况。

止盈 当股价上涨到目标价位后，挂单出货。

市价委托 指投资者对委托券商成交的股票价格没有限制条件，只要求立即按当前的市价成交就可以。由于不限制成交价格，所以能确保即时成交，这是市价委托的最大好处。

限价委托 客户向证券经纪商发出买卖某种股票的指令时，对买卖的价格作出限定，即在买入股票时，限定一个最高价，只允许证券经纪人按其规定的最高价或低于最高价的价格成交，在卖出股票时，则限定一个最低价。

看盘 又称盯盘，是短线投资者必需的日常工作。

复盘 是指投资者利用静态重新查看市场变动情况，以便对后市涨跌有新的认识。

洗盘 指庄家为达到炒作目的，必须在途中让低价买进，意志不坚的散户抛出股票，以减轻上档压力，同时让持股者的平均价位升高，以利于施行做庄的手段，达到牟取暴利的目的。

震仓 指股价在一天之内忽高忽低，幅度变化很大。与洗盘有一定相似性。

对敲 是庄家或机构投资者的一种交易手法。具体操作方法为：在多家营业部同时开户，以拉锯方式在各营业部之间报价交易，故意营造利于己方的盘面虚假现象，达到操纵股价的目的。

护盘 指市场气氛低迷、人气欠佳时，主力机构大量购进股票，防止大盘或股价继续下滑的行为。

砸盘 简单来说就是用巨额大单持续不断向下打压股价。

打压 是主力将股价大幅度压低，在打压之后便大量买进，为日后拉升出货谋求利润做准备。

吃货 股市中，庄家在较低价位不动声色地买进股票，叫作吃货或吸货。

出货 出货指庄家在高价时，暗中卖出股票，谋取利润。

抄底 指投资者认为股价已经跌到最低点，预期股价将会很快反弹的一种建仓行为。

逃顶 在股票价格上涨过程中，投资者估计上涨即将要到顶部，股价可能会止涨转跌的时候，选择将股票卖出。然后，股价果然下跌，投资者成功逃过，就称为逃顶。

多翻空 原本看好行情的多头，随着行情变化，看法随之变为看跌后市。

空翻多 原本看跌行情的空头，随着行情变化，看法随之变为看涨后市。

买空 预计股价将上涨，因而买入股票，在实际交割前，再将买入的股票卖掉，实际交割时收取差价或补足差价的一种投机行为。

卖空 预计股价将下跌，因而卖出股票，在发生实际交割前，将卖出股票如数补进，交割时，只结清差价的投机行为。

逼空 就是多头不断把股价往上推，一直涨到摧毁空头心理为止。

踏空 简单来说，就是空仓不动，没有提前买入，只能看着股票不断上涨。

吊空 指投资者做空头（抢空头帽子），卖出股票后，但股票价格当天并未下跌，反而有所上涨，只得高价赔钱买回。

多杀多 指投资者普遍认为当天股价将上涨，于是争相买进，然而股价却没有大幅度上涨，当交易快结束时，竞相卖出，造成收盘价大幅度下跌的情况。

空杀空 指投资者普遍认为当天股价将下跌，于是争相卖出，然而股价却没有大幅下跌，交割前，只好纷纷补进，反而促使股价在收盘时大幅度升高的情形。

诱多 指主力、庄家有意制造股价上涨的假象，诱使投资者买入，结果股价不涨反跌，让跟进做多的投资者套牢的一种市场行为。

诱空　指主力、庄家有意制造股价下跌的假象，诱使投资者卖出，结果股价不跌反涨，让跟进做空的投资者踏空的一种市场行为。

骗线　指庄家或大户利用散户迷信技术分析数据、图表的心理，故意抬拉、打压股指，致使技术图表形成一定形态，引诱股民买进或卖出，从而达到利于己方获利的一种行为。

坐轿子　指目光独到或事先得到信息的投资人在利多或利空消息公布前，先买进或卖出股票，然后坐等股价大幅上涨或下跌，从中收获利润。

抬轿子　是指利多或利空信息公布后才醒悟，预计股价将会大起大落，立刻抢买或抢卖股票的行为。抢利多信息买进股票的行为称为抬多头轿子，抢利空信息卖出股票的行为称为抬空头轿子，结果让他人获利，而自己获利不多，甚至亏损。

下轿子　坐轿客逢高获利即为下轿子。

高抛低吸　简单来说就是低位买进，高位卖出。虽然这种操作策略是投资者都想掌握的方法，但因所谓的低位和高位很难判断，所以要真正懂得精髓难度极大，需要投资者在反复的实战中不断总结经验和教训。

波段操作　是针对目前国内股市呈波段性运行特征较为有效的操作方法。由于在每年的行情中，无论大盘还是个股，都有主峰和主谷，因此，投资者可以把波谷看成建仓买入的机会，峰顶是卖出的机会，如此反复操作，就叫波段操作。

追涨杀跌　是散户最常见的操作方式之一，追涨就是看见股价上涨就立即追进买入，买入后股价不涨反跌，于是立即恐慌卖出。这是一种不加分析，被主力牵着鼻子走的错误投资行为。

四、股谚解析

宁可错过，不可做错　指投资者在股市中宁可错过可能的赚钱机会，因为错过了还有下一次机会，但绝对不要做错，因为一旦做错，就会造成实实在在的亏损，得不偿失。这一股谚，尤其在熊市中最为有效，新股民要特别注意。

买是徒弟，卖是师傅　很多投资者，第一步做得很好，买对了股，建仓后股价也上涨了，但可惜的是，却不会把握卖点，结果辛苦一趟下来，不但没有赚钱，甚至还出现亏损。所以，此话的意思是，投资者不但要学会以尽可能低的价格买进，还要学会在适合的时机顺利卖掉股票，锁定利润。

反弹不是底，是底不反弹　此话的含义是，在一轮下跌趋势中，如果有反弹，千万不要认为这就是底部到了，因为真正的底部不会有反弹，而是需要横盘整理一段时间。

涨时看势，跌时看质　意即股市上涨的时候，尽量买涨势强劲的个股，这样能提高盈利。而当大盘下跌的时候，尽量不要买股，即便忍不住要买，也尽量选择业绩稳定、质地优良的个股。因为业绩好的公司在大势不好时，相对显得抗跌一些。

高位利好，撒腿就跑；低位利空，大胆冲锋　也就是说，当股价经过连续攀升，风险也开始聚集。如果在高位出现利好，有可能是主力借利好出货，所以投资者见此情形，先果断卖掉股票再说。相反，当股价经过连续下跌之后，建仓机会日渐来临。如果此时再出利空消息，极有可能是主力为了打压建仓，为日后拉升做前期准备，所以，投资者此时可以大胆冲进场内。

犹豫不决，慢慢出血　表示当大盘趋势向下，手里的个股也跟随下跌时，投资者始终舍不得割肉止损，只能眼看着股价一步一个台阶向下滑落。而一路阴跌的结果，自然是账户里面的损失慢慢扩大。

牛市捏股票，熊市捏钞票　此话很好理解，就是告诫投资者，当牛市来临时，尽量持有股票，不要轻易卖出，以享受利润奔腾的快感。而当熊市来临时，尽量持有现金，不要轻易买进股票，以免遭受不必要的损失。

多头不死，跌势不止　就是说在一轮下跌市况中，随着市场不断下跌，不断有投资者认为即将到底而杀进场内，但很快强大的空方力量再次把大盘打压下去，此前买进的多头被套牢。于是，市场形成一种惯性。即当看涨的投资者每次买进后，市场马上继续恢复下跌。如此反复多次，市场气氛变得更为恐惧，敢于买进股票的人越来越少，多头基本被无情绞杀。然而，当市场真正见底回升，甚至反转向上时，却再也没有几个人愿意冒险入场。所以，此话的真正含义是，只要多头不死，大盘就会一直下跌。而多头被消灭殆尽时，跌势也就止住了。与"多头不死，跌势不止"相对应，市场也有"空头不死，涨势不止"一说。

炒股要炒强，赚钱找头羊　意思是说，为了安全起见，投资者进行股票交易时，要尽量寻找强势股，回避弱势股。要想赚更多钱，则一定找有主力关照的领头羊（即龙头股）。

熊市不言底，牛市不言顶　简言之，如果是熊市，投资者以为市场随时见底了，可市场却继续下跌，好像底部深不可测。而在牛市，投资者以为市场随时要涨到头了，但事实上，大盘却一路上涨，像没有顶部一样。不过，大家要注意，所谓底部与顶部，其实是个相对概念，并非真的没有底和顶。

横有多长，竖有多高　此话的意思是说，无论大盘还是股价，底部横盘整理的时间有多长，将来反转上涨的幅度就有多大。

当别人恐惧时我贪婪，当别人贪婪时我恐惧　语出巴菲特。意思是说，当大盘持续下跌，底部即将来临，而大部分投资者选择恐慌卖股时，自己要敢于逆势入场买股。相反，当大盘疯狂暴涨，即将见顶，而大部分投资者依然大肆买入时，自己则要保持清醒，克制住贪欲，率先一步卖出股票。

看大势，赚大钱　所谓看大势，就是投资者一旦进入股市，就必须学会研判国家的宏观经济发展形势、政府的政策导向、大盘的总体趋势。而不要把时间和精力花在大盘或个股几天的涨跌上。只有这样，才能赚钱，甚至是赚大钱。

顶部一日，底部一年　意即就算是再强势的股票，其股价保持一路上涨态势的时间不会太长，说不定在顶部停留一个交易日就会马上回落下跌。而一旦下跌趋势形成，构筑底部的时间比上涨寻顶的时间要长得多。比如，短的可能需要 3 个月，长的可能要一年甚至更长时间才会真正走出底部。

顺势者昌，逆势者亡　此话的意思是，在股市中顺势者昌，逆势者亡。换句话说，只有懂得顺势而为的投资者才有可能获得最终胜利，那些逆势操作的人则会陷入屡战屡败的境地。

人弃我取，人取我与　此话出自《史记·货殖列传》。意指当别人感到害怕的时候，自己要敢于提前发现战机，而当别人开始疯狂的时候，要舍得放弃短期的眼前利益。也指某只冷门股，大部分人都不关心，自己要善于挖掘其中隐藏的机会而提前买入，至于那种人人都在疯抢的股票，要尽量快点卖出，留住利润。所以，很多时候反向操作极为重要。

操作频繁，一定输完　意思是说，在股票交易中，不要见涨就追，见跌就杀。因为，过于频繁的操作，除了白交很多手续费，还会让自己的心神不宁，失误不断增加。所以，保持良好心态，谋定而后动是智者的取胜之道。

买时谨慎，卖时果断　此话说的是，当投资者决定买股时，一定要谨慎一些，尽量判断准确再出手。而在卖股时，则要果断干净，不要老是犹豫反复，以免贻误最佳出货时机。

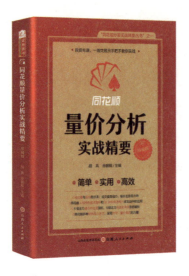

《同花顺量价分析实战精要》

书号：978-7-203-13616-3

《同花顺盘口技法实战精要》

书号：978-7-203-13676-7

《同花顺技术分析实战精要》

书号：978-7-203-13686-6

《同花顺分时技法实战精要》

书号：978-7-203-13700-9